DAM / KRAMER

BROTBACKEN

Vom Salzstangerl bis zum Vollkornbrot

3. Auflage

LEOPOLD STOCKER VERLAG

Graz – Stuttgart

Umschlaggestaltung: Josef + Maria, Josef Rauch Werbe-, Marketing-, Beratungsgesellschaft m. b. H., A-8010 Graz
Umschlagfoto: Wetzstein, St. Pölten
Skizzen: Walpurga Helm, Hafnerbach

Die Autoren:

Das nun von Marianne Dam umgearbeitete Buch mit dem Titel „Brotbacken. Vom Salzstangerl bis zum Vollkornbrot" ist bereits 1980 erstmals unter dem Titel „Brotbacken heute" von Irene Kramer erschienen.

Marianne DAM, geb. 1962, Mutter von 4 Kindern; vorerst bewirtschaftete sie gemeinsam mit ihrem Mann die Landwirtschaft. Jetzt bietet sie Brot- und Weckerlbackkurse sowie Vollwertkochkurse und Gemüseeinlegekurse an. Sie leitet auch Selbsterfahrungsseminare unter dem Motto: Es liegt an dir allein, zu sehen, ob die Sonne untergeht oder aufgeht.
Adresse: A-3385 Hafnerbach, Marienplatz 4, Telefon (0 27 49) 21 94

Irene KRAMER, geb. 1914; vorerst Haushalts- und Wanderlehrerin in Kärnten, anschließend 10 Jahre lang Bäuerin, danach wieder im Schuldienst (2 Jahre Berufsschullehrerin und 2 Jahre Leiterin der Hauswirtschaftsschule Thürn im Lavanttal). Sie wurde dann als erste Lehrerin für die Höhere Bundeslehranstalt für wirtschaftliche Frauenberufe in Pitzelstätten bei Klagenfurt aufgenommen.

ISBN 3-7020-0639-7
3. Auflage 1997.
Printed in Austria
Gesamtherstellung: M. Theiss, A-9400 Wolfsberg/Kärnten

Inhaltsverzeichnis

Inhaltsverzeichnis

Vorwort

Brot ist Leben!

Brot ist nicht ein Produkt, um sich schnell den Magen zu stopfen. Ein Stück Brot hat eine viel größere Bedeutung.

Menschen, die immer bewußter werden, die liebevoller sind, wissen um die Bedeutung, sich „lebendig" zu ernähren.

Wie kann man lebendig und einzigartig werden, wenn sich Menschen mit einer Fabriksware den Magen füllen.

Damit meine ich die Art des Getreideanbaus, der Ernte, der Lagerung, die Art des Fließbandbrotbackens. Wo Chemie, liebloser Umgang bei jeder Station, eine Rolle spielt, wie sollen hier Lebendigkeit, Freude, Liebe weiterwandern können?

Lebendige Körner aus einem lebendigen Boden, betreut und bebaut von einem lebendigen Menschen.

Je mehr ich als Mensch die Lebendigkeit pflege, umso mehr kann ich auch im Boden, in der Mutter Erde, die Lebendigkeit zulassen. Je liebevoller ich mit mir umgehe, umso liebevoller pflege und bebaue ich meinen Acker. Der Boden soll das ganze Jahr über bedeckt sein, die Früchte werden jedes Jahr gewechselt, um der Vielfalt in der Natur ähnlich zu sein.

Ein lebendiger Boden hat kleine und kleinste Lebewesen.

Um das zu erreichen, bedarf es viel Liebe, Vertrauen, Klarheit und Kraft.

Grünbrache, eigener Kompost ist wichtig, um frei von Chemie arbeiten zu können.

Bauern, die nach biologischen Richtlinien arbeiten, erfüllen diese Leitsätze.

Der Bauer sät, die Urkraft der Schöpfung läßt diese Körner keimen, wachsen und reifen.

Sonnenschein und Regen, Licht und Dunkel, Tag und Nacht, Wärme und Kälte, die Pflege des Bauern – alles ist im Einklang der göttlichen Liebe.

Der Bauer darf ernten und in Dankbarkeit dieses Getreide in die Scheune fahren. Danach wird das Korn gereinigt und gelagert.

Ein Korn ist etwas ganz Besonderes, es ist voller Energie, voller Kraft, voller Leben!

So ein Korn ist voll von lebensspendenden Stoffen, aber auch die liebevolle Pflege ist enthalten.

Dieses Korn darfst du jetzt nehmen! Die großen Mühlsteine vermahlen das Korn zu einem flaumigen handwarmen Mehl.

Das frische Mehl vermischst du mit Wasser und allen Zutaten, die gut und wichtig sind.

So entsteht der Teig. Weich und warm liegt er in deiner Hand. Liebevoll formst du ihn. Jetzt hat er Zeit zum Reifen, sich zu erheben. Danach schiebst du es in den Ofen, um es zu knusprigem Brot zu backen.

Liebe, Gesundheit, alle guten Wünsche bäckst du mit!

Ja, und dann ist es fertig... mein Brot, dein Brot... wie es riecht, wie es duftet, ein Traum ist Wirklichkeit geworden.

Ein köstliches Stück Brot zum Genießen.

Wenn du das Korn selber mahlst, den Teig selber formst, das Brot selber bäckst, umso mehr ist es dein Brot.

Dieses Brot, das jetzt für dich und deine Ernährung, für dein Wachstum gut und wichtig ist.

Von dir gebacken, für dich und deine Lieben, mit denen du teilen darfst.

Deshalb gebe ich mein Wissen weiter. Für dich und für dich. Für alle, die selbst – Kraft ihrer Hände – lebendiges Brot zubereiten möchten.

Schau dir dieses Buch in Ruhe an. Nimm dir das für dich Richtige heraus. Geh' einen Schritt nach dem anderen und genieße jeden deiner Erfolge.

Solltest du irgendwo stecken bleiben, so lies es nochmals in Ruhe nach.

Wenn es wirklich zu wenig ist, so darfst du mich auch persönlich fragen.

Ich veranstalte Brotbackkurse auf unserem eigenen Bauernhof.

Entfalte deine Ideen und laß dein Brot entstehen.

Noch eine „Zutat"... leg all deine Liebe, deine Freude, deinen Frieden mit in dieses Brot hinein, so ist es erst voller Leben und Kraft.

Ich freue mich, daß du dein Brot entstehen läßt!

Marianne Dam
Irene Kramer

Hafnerbach und Klagenfurt, Frühjahr 1992

Getreidebeschreibung

Das Getreidekorn

Das Getreidekorn besteht im wesentlichen aus den äußeren Randschichten, der darunterliegenden Aleuronschichte, dem Keimling sowie dem Mehlkörper.

Die äußeren Randschichten
Sie bestehen aus Zellulose und schließen die Mineralstoffe ein.
Die wichtigsten sind: Kalium, Calcium, Natrium, Phosphor, Eisen, Fluor, Magnesium, Mangan, Schwefel, Silicium u. a. Diese Randschichten sind für den menschlichen Organismus nahezu unverdaulich, welche die Darmtätigkeit fördern.

Die Aleuronschichte
Sie besteht aus würfelförmigen Zellen und enthält hochwertiges Eiweiß, wichtige Vitamine wie B_1, B_2, B_6, Folsäure, Paraaminosäuren, Cholin, Inosit u. a. Diese Aleuronschichte gibt dem Mehl seine Hochwertigkeit.

Der Keimling
Er hat 25% des Getreideeiweißes, es ist hochwertiges Eiweiß, auf das man in der vollwertigen Ernährung nicht verzichten kann. Dieses Eiweiß hat jedoch keine Klebereigenschaften. Der Keimling enthält weiters ungesättigte und hochgesättigte Fettsäuren wie Öl- und Linolsäure, Fettbegleitstoffe, Lezithine, Vitamine der B-Gruppe, Vitamin E und Vitamin F. Auch der Mineralstoff- und Spurenstoffgehalt ist hoch.

Der Mehlkörper
enthält Stärke, Klebereiweiß und phosphorhältige Bestandteile. Es ist arm an Vitaminen, Mineralstoffen sowie an essentiellen Gehaltstoffen. Das Klebereiweiß, 75% des Gesamteiweißgehaltes, ist nicht vollwertig; es ist aber zur Bindung der Teige notwendig. Die Mehlbestandteile sind reine Stärke.

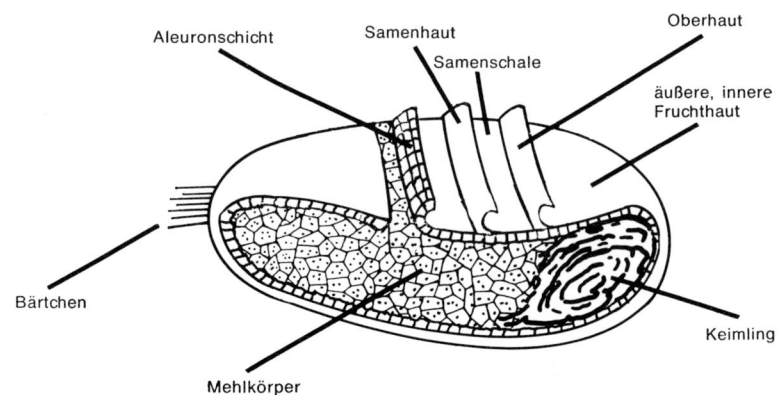

Aleuronschicht · Samenhaut · Samenschale · Oberhaut · äußere, innere Fruchthaut · Bärtchen · Mehlkörper · Keimling

Getreidearten

Weizen

Weichweizen liefert neben Dinkel gut backfähige Mehle, die sich besonders zur Herstellung von Brot, Gebäck, Feinbackwaren und Mehlspeisen eignen.
Hartweizen eignet sich besonders zur Herstellung von Teigwaren.

Roggen

Roggen stammt vom Bergroggen (Wildform) ab und gedeiht auch noch in kälteren und ärmeren Gegenden, wo kein Weizen mehr wächst.
Die Backfähigkeit ist eher schlechter, da er einen geringeren Klebergehalt aufweist.
Deshalb werden Weizen oder Dinkel meist mit Roggen vermischt.
Will man jedoch reines Roggenvollkornbrot, so sind eine höhere Versäuerung und eine längere Gehzeit des Teiges notwendig.
Reines Roggenbrot ist schwer verdaulich.
Wird Dinkel-(Weizen-) mit Roggenmehl gemischt, ergibt das die saftigsten und geschmacklich die besten Brote.

Hafer

Hafer gedeiht auch in Gegenden mit kühlerem Klima sowie auf minderwertigen Böden und zeichnet sich durch einen hohen Nährwert aus. Er wird für Mischbrote (zum Beispiel Sechskornbrot) verwendet und ist reich an Vitaminen und Zellulose.

Gerste

Bei dieser Getreideart handelt es sich um eine sehr alte Kulturpflanze; Gerstenbrot (Fladenbrot) und Gerstenbrei waren lange Zeit ein wesentlicher Bestandteil der Ernährung unserer Vorfahren. Auch Gerste eignet sich zur Anreicherung von Mischbroten.

Dinkel

Der Dinkel, auch Spelt oder Korn genannt, stammt gemeinsam mit dem Weizen von den Wildgräsern Triticum discoides und Triticum tauschii ab.
Etwa 8000 Jahre alt schätzt man die Grabstätten, in denen er gefunden wurde.
Weizen kam „erst" vor 5000 Jahren aus dem asiatischen Raum zu uns.
Eine besondere Eigenart des Dinkels ist der Spelz, der ihn als Hülle umgibt. Das erfordert einen zusätzlichen Arbeitsgang, nämlich die Trennung von Spelz und Korn, was früher als Nachteil angesehen wurde. Heutzutage haben wir dadurch den Nutzen, den Dinkel im Vergleich mit anderen Getreidearten weitaus weniger mit Umweltgiften verseucht zu erhalten, weil mit dieser Spelzhülle auch die Gifte entfernt werden.
1986 war nach der Tschernobyl-Katastrophe eine vergleichsmäßig sehr geringe Belastung beim Dinkel festzustellen.
Analysen haben einen hohen und ausgewogenen Gehalt an essentiellen Amionsäuren, einen ebenfalls hohen Gehalt an essentiellen Fettsäuren und bestimmten B-Vitaminen ergeben.
Überdies wirkt Dinkel eisenanreichernd im Körper.
Vollweizenmehl kann den Eisenspiegel halten, Weißmehle hingegen senken den Eisenspiegel bei der Verdauung (daher auch der weitverbreitete Eisenmangel!).
Die hl. Hildegard gibt eine so positive Beschreibung des Dinkelkornes in ihrem Buch über die Heilmittel (Physica) an, daß man aufhorcht!
Die Laboranalysen bewerten den Dinkel auch höher als den Weizen (hoher Klebegehalt, hoher Vitamingehalt usw.)
Doch die hl. Hildegard schreibt von inneren Werten, die einen subtilen Charakter haben und daher nicht meßbar sind.
Dennoch ist vielen Menschen bekannt, daß Dinkel zu einer guten Ausgewogenheit, zur besseren Gesundheit beiträgt und überdies noch zu Heilungen führt.

Allgemeines übers Brotbacken

Brot und Kleingebäck werden vor allem aus Dinkel-, Weizen- oder Roggenmehl zubereitet.

Als Teiglockerungsmittel werden Germ, Sauerteig oder Spezial-Backfermente verwendet, wobei Brote mit Sauerteig verarbeitet einen herzhaften kräftigen Geschmack aufweisen. Es gilt nur, sich das erstemal zu überwinden, um einen Sauerteig herzustellen.

Sie werden überrascht sein – beim Lesen scheint es mehr Mühe zu sein als es wirklich ist.

Dinkel- oder Weizenvollkornbrote kann man auch mit Germ zubereiten. Bei Kleingebäcken wird ausschließlich Germ verwendet.

Trockengerm ist der Frischhefe gleichzustellen, sie ist leicht erhältlich und über längere Zeit haltbar, damit also immer zur Hand.

Die Mengenangaben und Anwendung sind genauso einzuhalten wie bei der Frischgerm.

Will man jedoch andere Getreidearten in kleineren und größeren Mengen dazumischen (Hafer, Hirse, Gerste, Mais), ist es ratsamer, mit Spezial-Backferment zu arbeiten.

Diese sind in Naturkostläden zu kaufen.

Brote mit Spezialferment sind auch für den Anfänger leicht herzustellen. Temperaturunterschiede und längeres Stehen können dem Ansatzteig nichts anhaben.

Dieses Brot ist auch für magenempfindliche Menschen gut verträglich.

Schematischer Ablauf des Brotbackens mit Sauerteig

1. Sauerteig (Grundsauerteig)

Mehl, Wasser, Germ verrühren und 12 Stunden stehen lassen.
Am nächsten Tag ein Kernstück davon entnehmen – entfällt, wenn schon ein Sauerteig vorhanden ist.

2. Vorteig

Sauerteig, Mehl und Wasser mischen und 6 Stunden stehen lassen. Ein Stück wegnehmen, mit Roggenmehl verkneten – ist zugleich Sauerteig fürs nächste Brot. (Aufbewahrung nach Beschreibung)

3. Hauptteig

Nun alle Zutaten laut Rezept in eine Rührschüssel geben, entweder mit der Hand gut mischen, dann ca. 30 Minuten gut kneten, oder mit der Knetmaschine 10 Minuten auf der langsamsten Stufe kneten.

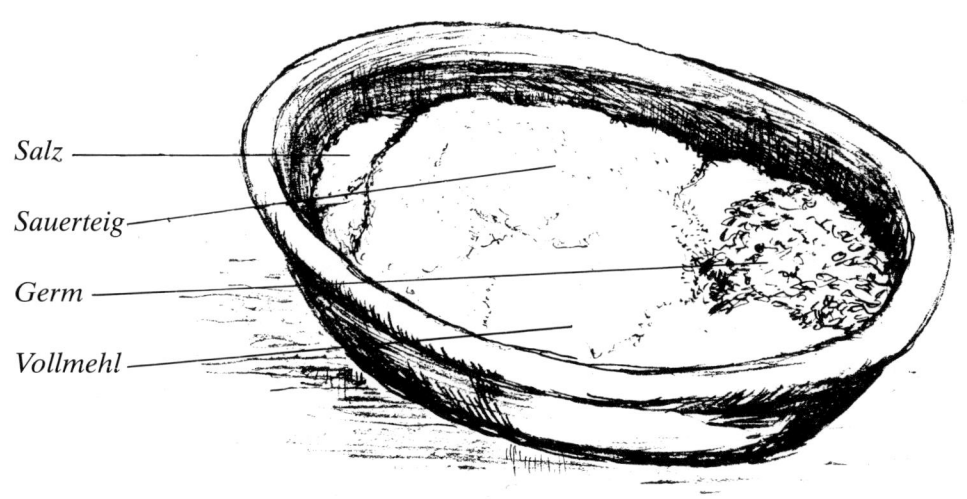

Salz

Sauerteig

Germ

Vollmehl

4. Teig gehen lassen (gleich in der Rührschüssel) – kann aber auch aus Zeitmangel unterbleiben.

5. Nochmals kneten!

6. Den Brotteig nun in beliebige Stücke teilen.

7. Jedes Teigstück mit der Hand kneten (wirken)!

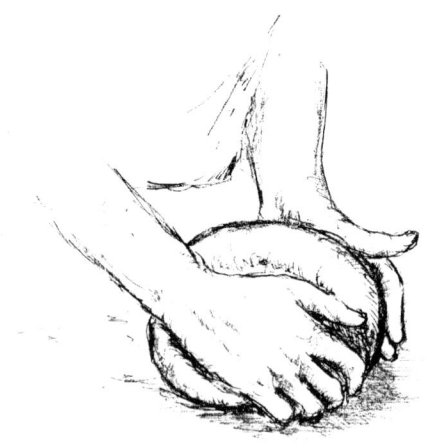

8. Laibe oder Wecken formen und in bemehlte Simperl legen.

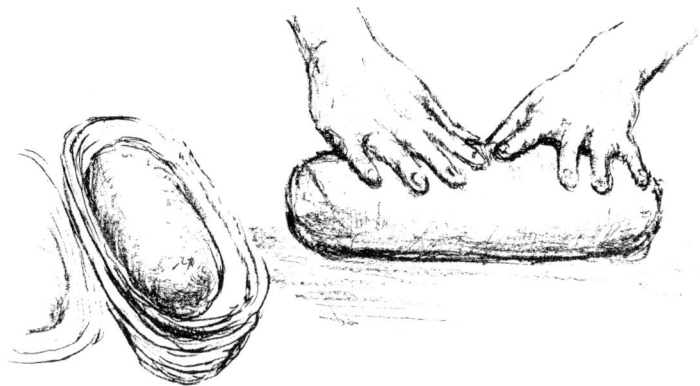

9. Die Brote nun gehen lassen, bis sich Risse zeigen und der Teig sich schön wölbt.

10. Backen laut Rezeptangaben.

Zubereitung des Grundsauerteiges

1. 80 dag (800 g) Roggenvollmehl wird mit
   1 l lauwarmem Wasser und
   10 dag (100 g) Germ verrührt.
   Den Backofen für 15 Minuten auf 120° C aufheizen, dann ausschalten, die Schüssel in eine Decke einschlagen und über Nacht hineinstellen.
   (Die Decke speichert die Wärme.)

2. Am nächsten Tag werden von diesem angesäuerten Teig ca. 30 dag (300 g) aus der Mitte entnommen. Mit etwas Roggenvollmehl wird er nun zu einem mittelfesten Teig verknetet. Der restliche angesäuerte Teig kommt weg oder wird zu einem Weckerlrezept dazugegeben.

Noch ein Tip zum Sauerteig:
Wenn Sie sich einen fertigen Grundsauerteig im Naturkostladen besorgen, haben Sie weniger Vorarbeiten zu leisten und können sofort mit dem Ansetzen des Sauerteig-Vorteiges beginnen.

Nun wird mit diesem Sauerteig ein Vorteig bereitet.

15

Zubereitung des Vorteiges

Aus dem Grundsauerteig wird, wie vorher erwähnt, der Sauerteig-Vorteig bereitet. Die je nach Rezept angegebene Menge Sauerteig (z. B. 10 dag) wird mit 20 dag Roggenvollmehl und $^3/_8$ l lauwarmem Wasser zu einem Teig verrührt und 6 Stunden warm gestellt.

Dieser Teig wird blasig und locker.

Nach den 6 Stunden werden ca. 4 EL Teig entnommen und als Grundsauerteig für das nächste Brotbacken aufbewahrt.

Weitere Verarbeitung:

Der angesetzte Vorteig wird, je nach Rezept, mit den restlichen Zutaten zu einem Teig verknetet.

Der Teig soll dann 3–5 Stunden rasten.

Wenn Sie die Rastzeit des Teiges auf $^1/_2$ Stunde verringern wollen, so müssen Sie 1–2 dag Germ zum Teig mischen.

Magen- und darmempfindlichen Menschen empfehle ich aber reines Sauerteigbrot, da dieses leichter und besser verdaulich ist.

Aufbewahrung des Sauerteigs

Aus der Mitte des Vorteiges wird für das nächste zu backende Brot Sauerteig entnommen (je nach Rezept verschieden).
Dieser Sauerteig wird mit etwas Roggenvollmehl zu einem mittelfesten Teig geknetet und dann

1. dünn ausgewalkt auf einem Papier auf der Heizung oder in der Sonne getrocknet.
   Danach wird er zerbröselt und dann wieder nachgetrocknet.
   Im Papiersackerl ist dieser Sauerteig nun bis zu einem Jahr haltbar.
   Zum Vorteig die getrockneten Sauerteigstückchen in etwas mehr Wasser einweichen als angegeben ist.
   Den Vorteig eher 15 Stunden gehen lassen.

2. Im Schraubglas ist er im Kühlschrank bis zu vier Wochen haltbar.

3. Ausgewalkt eingefroren hält er sechs Monate.
   Wenn er benötigt wird, geben Sie ihn in ein lauwarmes Wasser, danach mit Mehl verrühren und über Nacht warm stellen.

Riecht der Sauerteig nach längerer Zeit zu scharf, so haben die Essigsäurebakterien überhand genommen. In diesem Falle empfiehlt es sich, einen neuen Sauerteig zu machen.
Merkt man, daß die Triebkraft des Sauerteiges nachgelassen hat, so gibt man beim Ansetzen des Vorteiges 4 dag (40 g) Germ dazu und kann wie gewohnt weiterarbeiten.

Tips zur Zubereitung des Teiges mit Germ/Hefe

Für die Teigzubereitung mit Dinkel- oder Weizenvollkornmehl zur Herstellung von Brot und Kleingebäck eignet sich die Germ (Hefe) sehr gut.
Die Ausnahme bilden Roggenvollkornteige, da sie zu schwer sind.
Bei Brotteigen mit Germ kann man zusätzlich den gegangenen Hauptteig ein- bis dreimal zusammendrücken, öfter jedoch nicht, sonst wird der Ofentrieb zu schwach.
Durch das Zusammendrücken wird das Brot standfester, und das Gebäck wird leichter formbar.

Backen mit Germ/Hefe ist auch für den Anfänger leicht zu bewältigen.

Frischvermahlenes Mehl ist ideal, da es leicht warm ist. Diese Wärme wirkt sich bei der Gärung vorteilhaft aus.

Ich persönlich gebe gerne Germ zum Sauerteig dazu: 1 dag (10 g) Germ auf 1 kg Vollmehl gleich am Abend zur Sauerteigbereitung oder 3 dag (30 g) Germ auf 1 kg Vollmehl zum Hauptteig dazugeben.

Der Brotteig geht dadurch schneller und wird zusätzlich aufgelockert.

Frische Germ bröselt man möglichst fein ins Mehl.

Salz und Sauerteig sollten Sie auf der anderen Seite hineingeben. Salz direkt auf der Germ wirkt sich gärhemmend aus.

Beim Mischen und Kneten des Teiges verteilt und löst sich die Germ restlos auf. Trockengerm ist genauso zu verwenden wie Frischgerm.

Bei Verwendung älterer, an den Rändern trocken und braun gewordener Germ sollten Sie ein Dampfel bereiten.

Dampfel

Das Mehl wird in eine Schüssel gegeben und in der Mitte ein Grübchen gemacht. In dieses Grübchen bröselt man die Germ hinein, gibt lauwarmes Wasser (von der im Rezept angegebenen Menge) dazu, rührt mit etwas Mehl vom Grübchenrand ein breiiges Teigerl ab.

Darauf läßt man es so lange warmstehen (Zimmertemperatur – nicht zu heiß, bei 40° C stirbt die Hefe ab), bis das Dampfel gupfartig aufgegangen ist.

Aufbewahrung der Germ, Hefe

Sie kann in Alufolie verpackt zwei Wochen im Kühlschrank aufbewahrt werden. Germ kann auch eingefroren werden.

Bei Verwendung vorher herauslegen und mit wenig lauwarmem Wasser anrühren.

Trockengerm hält sich bis zu einem Jahr!

Schematischer Ablauf des Brotbackens mit Spezial-Backferment

1. Ansatz
Backfermentpulver mit Wasser verrühren, mit Mehl zu weichem Teig verkneten. Warm stellen (Ofen) – 24 Stunden stehen lassen.
Wieder Wasser, Mehl dazuverkneten, zu einem mittelfesten Teig und wieder 24 Stunden im Ofen warm stellen.
Entfällt, wenn der Ansatz schon vorhanden ist!

2. Vorteig
1 EL Ansatz und 1 TL Backfermentpulver mit Wasser und Mehl verrühren, 12 Stunden bei Raumtemperatur stehen lassen.

3. Hauptteig
Mehl, Salz, Gewürze, Vorteig, lauwarmes Wasser mischen und verkneten.
Gehen lassen, bis das Volumen fast verdoppelt ist! Dann nochmals durchkneten, den Teig nun formen, in bemehlte Simperl oder Kastenform legen und gehen lassen, bis sich Risse zeigen und er sich gut wölbt. Auf Blech stürzen, bestreichen und backen!
Sie können auch aus Zeitmangel den Teig nur einmal gehen lassen oder eventuell auch sofort in den gewässerten, getrockneten, befetteten Römertopf geben und ungegangen ins kalte Rohr stellen, dann backen.

Zubereitung des Ansatzes mit Spezial-Backferment

1. 2 dag (20 g) Spezial-Backfermentpulver mit ca.
   120 ccm warmen Wasser verrühren. Danach gibt man
   5 dag (50 g) Dinkel- oder Weizenvollmehl und
   5 dag (50 g) Dinkel- oder Weizenauszugsmehl (ohne Kleie) dazu.
   Das wird nun zu einem weichen Teig verrührt.
   Falls sich Wasser absondert, mit Mehl stauben und nochmals verrühren.
   Dieser Teig bleibt nun 24 Stunden im warmen Raum stehen.

2. Dem Teig wird nun mit 180 ccm warmes Wasser, 15 dag (150 g) Dinkel- oder Weizenvollmehl und 15 dag (150 g) Dinkel oder Weizenauszugsmehl zugefügt und vermengt. Dieser Teig soll nun mittelfest sein und bleibt wieder 24 Stunden warm stehen. Duch die Gärung ist der Teig um das Doppelte gewachsen.

Wenn Sie ihn nicht gleich verbacken, so bewahren Sie ihn auf.

Aufbewahrung des Ansatzes mit Spezial-Backferment

Im Kühlschrank in einem Schraubglas hält sich dieser Ansatz gut ein halbes Jahr. Die Oberfläche kann sich grau verfärben; es sind nur arteigene Hefepilze, und der Ansatz ist somit ohne weiteres verwendbar.

Begriffserklärung:

Schrot: bedeutet Vollkornmehl, grob gemahlen

Vollmehl: bedeutet Getreide, ganz fein vermahlen

Mehl: bedeutet Auszugsmehl, ohne Kleie
übliches Mehl unter glatt und griffig
kein Vollkornmehl

Grundmengen

Grundmengen für Sauerteig

1 kg Vollmehl	10 dag (100 g) Sauerteig	bei großer Mehlmenge und langer Rastzeit
1 kg Vollmehl	20 dag (200 g) Sauerteig	bei kleiner Mehlmenge und kurzer Rastzeit

Grundmengen für Germ (Hefe)

1 kg Vollmehl	2 dag (20 g) Germ	bei größeren Mehlmengen und langer Rastzeit
1 kg Vollmehl	4 dag (40 g) Germ	bei kleinerer Mehlmenge und kurzer Rastzeit
1 kg Vollmehl	6 dag (60 g) Germ	bei schweren Teigen
1 kg Vollmehl	2 dag (20 g) Germ	zusätzlich zum Sauerteig

Germ beschleunigt die Sauerteiggärung, frischt die Hefen im Dampfel auf und reichert das Brot mit Vitamin B an.

Grundmengen für Spezial-Backferment

1,5 kg Vollmehl	1 EL Ansatz	selbstgemacht laut meiner Anleitung
	1 TL Spezial-Backfermentpulver	

Zum Backen ist immer beides notwendig!

Tips zum Kneten des Teiges

1. Teig mischen

Alle Zutaten werden zum Mehl gegeben. Wichtig ist, daß man kein Salz direkt auf die Germ oder den Sauerteig gibt.

Dann beginnt man mit dem Mischen des Teiges.

Gutes Mischen erleichtert und verkürzt den Knetvorgang.

Nun prüft man die Teigfestigkeit, in diesem Zustand kann die Teigmasse noch am leichtesten korrigiert werden.

Dies entfällt, wenn eine Knetmaschine vorhanden ist. (Vorsicht: Belastungsgrenze der Küchenmaschine beachten!)

2. Teig kneten

Kneten ist der Vorgang, welcher den Teig glättet, ein gleichmäßiges Gefüge schafft und alle Zutaten innig miteinander verbindet.

Bei regelmäßigem Brotbacken ist eine Knetmaschine sehr angebracht.

Wichtig: keine zu hohe Geschwindigkeit!

> 10 Minuten gut mischen, aber nicht schlagen! Bei Kleingebäcken ist jedoch gutes kräftiges Schlagen notwendig. Je mehr Blasen der Teig wirft, umso feiner wird das Gebäck.

Den fertiggekneteten, glatten Teig gehen lassen (auf schwach doppeltes Volumen).

3. Teig wirken

Wirken ist das 2. Kneten des Teiges. Der Teig wird nach Belieben ausgewogen oder geteilt. Nun wird Stück für Stück nochmals durchgeknetet. Danach wird es geformt, in bemehlte Simperl oder befettete Kastenformen gelegt.

Nach dem Gehenlassen (gute Wölbung, Risse) backen!

Außer beim Römertopf: Der Teig kommt ungegangen ins kalte Rohr!

Tips zum Gehenlassen

Eine höhere Temperatur über längere Zeit ist notwendig:
a) bei der Herstellung des Sauerteiges,
b) des Ansatzes mit Spezial-Backferment
c) und des Vorteiges für Sauerteigbrote.
Dies können Sie gewährleisten, indem Sie den Backofen 15 Minuten auf 120° C aufheizen und dann abschalten.
Die Teigschüssel mit dem Teig in eine dicke Decke einschlagen und in den Ofen stellen (z. B. über Nacht).
Fürs Gehenlassen der Hauptteige ist gute warme Zimmertemperatur erwünscht.
Beim Einschießen des Brotes in den Backofen ist wichtig, daß das Brot gut gewachsen ist, Risse auf der Oberfläche zeigt. Ist das nicht der Fall, lassen Sie es noch stehen!
Ist das Brot jedoch zuviel gegangen, schlagen sie es nochmals zusammen, da der Ofentrieb sonst nicht mehr erfolgen kann. Das heißt, das Brot fällt ein – hat keine Zeit und Kraft zum Aufgehen und wird flach.

Gehzeiten

Kleines Gebäck . . . . 10 Minuten ⎫
Größeres Gebäck . . . . . . 20 Minuten ⎬ je nach Raumtemperatur
Brote . . . . 30–60 Minuten ⎭

Flüssigkeiten

Wasser
Hartes Wasser eignet sich besser als weiches. Es fördert die Quellung und erhöht damit die Teigausbeute. Die Temperatur des Wassers soll um 35° bis 40° C liegen. Dadurch geht der Teig schneller und leichter.
Das Wasser darf niemals zu heiß sein, da die Hefezellen darunter leiden und die Gärung hinausgezögert wird. (Ab 40° C sterben die Hefezellen ab.)
Kaltes Wasser verwendet man dann, wenn man schon am Abend vor dem Brotbakken den Teig bereitet und ihn über Nacht stehenläßt.
Kaltes Wasser wird auch bei kaltgeführten Germteigen verwendet (siehe Rezepte). Die Wassermenge hängt ab von der Kleberqualität, vom Vermahlungsgrad der Mehle und Schrote sowie den zusätzlichen Zutaten (Körner, Flocken usw.).

Bei Verwendung von Vollkornmehlen ist es vorteilhaft, den Bauer nach der Quellfähigkeit und Kleberqualität zu fragen (Untersuchung in der Müllereianstalt).

Milch- und Milchprodukte
Diese werden vorwiegend zu Dinkel- oder Weizenbroten dazugemischt. Sauermilch, Molke, Buttermilch, Sauerrahm werden oft zusätzlich als Teiglockerungsmittel bei Germteigen zugemischt (zwecks besserer Versäuerung, Teiglockerung).

Die Gewürze

Geschmacksrichtung sowie Verwendungsmenge der Gewürze sind individuell verschieden.

Grundmenge:
1 bis 2 dag = 1 EL Salz bei 1 kg Vollmehl
2 TL Gewürze bei 1 kg Vollmehl

Salz hilft auch bei der Versäuerung des Teiges mit – also hat es auch eine Lockerungswirkung. Daher kann Salz reduziert, aber nicht weggelassen werden, oder man gibt sich mit schwerem, flacherem Brot zufrieden (salzlose Diät).

Brotgewürze
Kümmel, Fenchel, Anis, Koriander, Kardamom, Kräuter kann man einzeln oder in Gemischen verwenden.
Frisch gemahlen haben sie einen intensiven Geschmack und sind ausgiebiger.
Die Gewürze können Sie gleich mit dem Getreide mitvermahlen. Wichtig: nach den Gewürzen immer Getreide vermahlen, sonst verkleben sich die Mahlsteine.
Sie enthalten nicht nur Geschmacksstoffe, sondern sind auch vorzügliche Mittel zur besseren Verdauung und wirksame Gegenmittel für Blähungen.
Kümmel und Fenchel können in größeren Mengen dazugegeben werden. Im Ganzen finden sie auch großen Anklang.
Die übrigen Brotgewürze sind sehr geschmacksintensiv und werden daher in kleineren Mengen verwendet (in Form von Messerspitzen).

Spezialzutaten

Leinsamenkerne
im ganzen oder mit dem Getreide vermahlen, werden sie dazugemischt.
Sie sind verdauungsfördernd und entzündungshemmend.

Sonnenblumenkerne, Kürbiskerne
im ganzen im Teig mitverknetet. Der Teig kann auch in den Kernen gewälzt
werden.

Gersten-, Maismehl
nur als Zusatz möglich, da bei zu hohem Anteil das Brot zu flach wird.
Als Spezialgebäck und Fladen schmecken sie jedoch frisch sehr gut.

Keime jeglicher Art
selbstgezogen oder im Reformhaus erhältlich.
Sie werten Ihr Brot zusätzlich mit Vitaminen, Mineralstoffen, hochwertigen Fettsäuren und Lezithinen auf, wobei ich den selbstgezogenen Keimen den Vorzug
gebe.
Richtige Verwendungszeit, wenn die Keimspitzen anfangen, grün zu werden –
höchster Vitamingehalt!

Kräuter, Speck, Zwiebel, Grammeln, Käse usw.
Diese Zutaten geben dem Brot einen speziellen Geschmack.
Brote können zusätzlich in Kürbis-, Sonnenblumenkernen, Sesam, Haferflocken,
Leinsamen gewälzt werden.

Achtung: Bei Verwendung all dieser Spezialzutaten ist die Flüssigkeit zu reduzie-
ren. Diese können kein Wasser binden, dadurch kann der Teig oft zu weich
werden.

Tips zum Backen

Das geformte und gegangene Brot wird auf das Blech gestürzt, bzw. der Teig in der Kastenform wird aufs Blech gestellt.

Danach sollen Sie mit Wasser bepinseln.

Ich persönlich gieße ca. ⅛ l Wasser in das Backrohr, damit genug Wasserdampf im Ofen erzeugt wird. Dadurch wird das Brot locker und leicht. Dies ist jedoch nur im Haushaltsherd notwendig.

Bei richtigen Brotbacköfen ist eine Schweleinrichtung vorhanden (schwelen = eindampfen).

Nun schießen Sie das Brot ins vorgeheizte Backrohr ein:

10 Minuten bei 250° C backen, dann zurückschalten und 60 Minuten bei 190° C fertigbacken.

Dies gilt bei 1-kg-Wecken, bei 1-kg-Laiben.

Und 2-kg-Wecken lassen Sie um 15 Minuten länger backen.

2–3-kg-Laibe backen bis zu zwei Stunden.

Um genau 1-kg-Brote aus dem Backofen nehmen zu können, müssen Teigstücke mit 1,15 kg ausgewogen werden. (Wasserverlust beim Backen – wichtig für den Verkauf!)

Die hohen Anfangstemperaturen sind wichtig, um eine dünne knusprige Rinde und saftiges Brot zu erhalten.

Je tiefer die Anfangstemperatur, umso fester und trockener wird das Brot.

Klopfprobe:
Fertiggebackenes Brot klingt hohl – bei dumpfem Klang weiterbacken!

Tips zum Backofen

Der Elektroofen, welcher ein-, zwei- oder dreietagig hergestellt wird, ist einfach zu bedienen, verursacht keinen Schmutz, nimmt wenig Platz ein und sollte wegesparend aufgestellt werden. In Österreich gibt es einige Firmen, welche sehr gute E-Backöfen erzeugen.

Gute Holzbacköfen sollte man weiterverwenden, wenn die Größe, die Holzaufbereitung und die Bedienung entsprechen.

Durch gleichbleibende, gespeicherte Hitze bäckt das Brot gleichmäßig; es werden Rindenfehler eher vermieden. So ein alter Holzbackofen ist arbeitsaufwendiger.

Es gibt aber moderne Holzbacköfen, die viel einfacher zu handhaben sind, da sie indirekt beheizt werden. Das heißt, daß Back- und Heizraum getrennt sind und sich die Backtemperatur durch eine Rauchgasklappe steuern läßt.

Auch im kleinen Haushalt, in der Backröhre des E-Herdes bzw. in der Röhre des Sparherdes, kann Brot gebacken werden. Man bäckt das Brot auf befetteten oder bemehlten Blechen.

Wenn man die Absicht hat, kontinuierlich Brot zu backen, dann ist die Anschaffung von Schamottziegeln empfehlenswert. Zwei in die Röhre passende, eng aneinanderliegende Schamottziegel mit einer Stärke von ca. 2 cm legt man vor dem Einschalten in die Röhre und bäckt darauf das Brot. Man benötigt dazu noch ein geeignetes Brett, um die Brote gefahrlos auf die Ziegel auflegen zu können.

Tips zur Anheizzeit

1. Bei E-Backöfen

   beträgt die Anheizzeit etwa 30 Minuten. Also wird, ehe man den Brotteig formt, der Ofen eingeschaltet.

2. Bei Holzbacköfen

   wird meist nach dem Kneten des Brotteiges eingeheizt.

   Das Holz wurde nach dem letzten Backen schon in den Ofen gegeben, damit es austrocknen konnte. Wenn das Holz vollkommen verbrannt ist, verteilt man die Glut auf die Backofenfläche und sperrt den Ofen ab. Nach dem Wirken der Brote werden Glut und Asche ausgeräumt und die Fläche mit einem feuchten Tuch gut gereinigt.

   Bei modernen Holzbacköfen mit gesondertem Heizraum beträgt die Anheizzeit – je nach Bauart – 30 min. bis 2 Stunden. Die Ascheentleerung erfolgt erst nach dem Erkalten des Ofens.

Tips zum Backen im Römertopf

Wollen Sie Ihr Brot jedoch im Römertopf backen, so geben Sie den Teig ungegangen hinein und schieben den Topf ins kalte Backrohr.

Jeder Brotteig kann im Römertopf bzw. in der Kastenform gebacken werden.

Für den Anfänger ist das Backen in der Form sicher zu empfehlen.

Der Teig kann weicher verarbeitet sein und wird trotzdem schön und locker.

Wichtig fürs Römertopfbacken ist, daß man den Topf und Deckel eine halbe Stunde vor Gebrauch ins Wasser stellt. Danach wird er getrocknet und gut mit Butter oder kaltgepreßtem Sonnenblumenöl eingefettet, damit das Brot nach dem Backen aus der Form geht.

Wenn Sie den Backofen gut ausnützen wollen, so kaufen Sie sich zwei Töpfe.

Beim Backen stellen Sie die Töpfe ins kalte Backrohr (2. Schiene von unten), schalten dann auf 250° C und backen 40 Minuten.

Nun nehmen Sie den Deckel weg. Danach stellen Sie die Temperatur auf 190° C zurück und backen nochmals 50 Minuten.

Wenn die Zeit abgelaufen ist, schalten Sie ab und lassen das Brot noch 10 Minuten im Ofen stehen.

Daraufhin stürzen Sie die Brote aufs Gitter und lassen sie abkühlen.

Aufbewahrung der Brote und des Gebäcks

Vollkorngebäck und -brote sind im allgemeinen länger haltbar und saftig.
Vom gesundheitlichen Standpunkt aus sollte erst einen Tag altes Brot gegessen werden.

- Im unglasierten Tontopf (wegen Luftaustausch unglasiert) hält es bis zu einer Woche frisch.
  Den Tontopf einmal in der Woche mit Essigwasser reinigen.
- Wollen Sie Ihr Brot jedoch länger aufbewahren, so frieren Sie es ein. Zum Verzehr legen Sie es über Nacht in die Küche (Zimmertemperatur). Am Morgen ist das Brot so saftig und schnittfest wie frisches Brot.
- Kleingebäck brauchen Sie nur eine halbe Stunde herauszulegen und dann erst im Ofen kurz aufzubacken; damit erhalten Sie weiches, knuspriges Gebäck.
  Legen Sie es jedoch gleich ins Backrohr, so bröselt es stark.
  Wichtig ist, Brot bei Zimmertemperatur aufzubewahren (Tontopf), da es bei Temperaturen um 10° C am schnellsten austrocknet und daher altbacken wird.

Rezepte mit
Sauerteig und Vollmehl

Sonnenblumenbrot

Zutaten:

Dinkelschrot, grob	30 dag (300 g)	Sonnenblumenkerne	15 dag (150 g)
Wasser	30 dag (300 g)	Sauerteig	10 dag (100 g)
		Germ	2 dag (20 g)
Dinkelvollmehl	30 dag (300 g)	Salz	2 dag (20 g)
Roggenmehl	60 dag (600 g)	Gewürze, gem.	1 EL
Wasser	½ l	Fenchel, ganz	1 EL

Zubereitung:

Dinkelschrot, grob und Wasser am Vorabend anrühren, Sauerteig und ein bißchen Wasser ebenfalls am Vorabend anrühren. Am nächsten Tag alle Zutaten verkneten, ca. 10 Minuten gehen lassen, nach ca. 15 Minuten wieder verkneten. Den Teig in zwei Teile teilen und formen, in gestaubte Brotsimperl legen und gehen lassen, bis die Oberfläche deutliche Risse zeigt und sich wölbt. Den Teig in den vorgeheizten Ofen einschießen.

Backtemperatur: 250° C – 10 Minuten Backzeit
Backtemperatur: 200° C – 50 Minuten Backzeit

Sonnenblumenbrot

Hausbrot

Zutaten:

Dinkelschrot, grob	30 dag (300 g)	Haferflocken	20 dag (200 g)
Wasser	30 dag (300 g)	Wasser	½ l
		Sauerteig	10 dag (100 g)
Dinkelvollmehl	20 dag (200 g)	Germ	2 dag (20 g)
Weizenvollmehl	20 dag (200 g)	Salz	2 dag (20 g)
Roggenvollmehl	20 dag (200 g)	Brotgewürz, gem.	1 EL
Maisvollmehl	10 dag (100 g)	Fenchel, ganz	1 EL
		Sojabohnen	15 dag (150 g)
		Sonnenblumenkerne,	
		Leinsamen, } je 1 EL	
		Kürbiskerne	

Zubereitung:

Dinkelschrot einweichen, daneben Sojabohnen mit Wasser bedeckt quellen lassen, sonst erfolgt die Verarbeitung wie oben.
Dieses Brot ist unsere Hausspezialität.

Dinkelbrot

Zutaten:

Dinkelschrot, grob	30 dag (300 g)	Sauerteig	10 dag (100 g)
Wasser	30 dag (300 g)	Germ	2 dag (20 g)
		Salz	2 dag (20 g)
Dinkelvollmehl	90 dag (900 g)	Brotgewürz, gem.	1 EL
Wasser	½ l	Fenchel, ganz	1 EL

Zubereitung:

Am Vorabend Dinkelschrot mit Wasser anrühren, daneben auch den Sauerteig in etwas Wasser anrühren.
Am nächsten Tag alle restlichen Zutaten verkneten, rasten lassen, 2 Wecken formen, gehen lassen und backen.
Backzeit: 10 Minuten bei Backtemperatur: 250° C dann
Backzeit: 50 Minuten bei Backtemperatur: 190° C

Dinkel-Weizenbrot

Dinkel-Weizenbrot

Zutaten:

Dinkelschrot, grob	30 dag (300 g)	Sauerteig	10 dag (100 g)
Wasser	30 dag (300 g)	Germ	2 dag (20 g)
		Salz	
Dinkelvollmehl	30 dag (300 g)	Brotgewürz	1 EL
Weizenvollmehl	60 dag (600 g)	Fenchel, ganz	1 EL
Wasser	½ l		

Zubereitung:
Dieses Brot geht sehr gut auf und hat eine gute Standfestigkeit. Ist kein Sauerteig
da, so können Sie anstatt des Sauerteiges 6 dag (60 g) Germ nehmen.
Verarbeitung, siehe oben!

Gesundheitsbrot

Gesundheitsbrot

Zutaten:

Roggenvollmehl	1 kg	Germ	3 dag (30 g)
Roggenmehl	1 kg	Salz	3 dag (30 g)
Hefeflocken	10 dag (100 g)	Anis	3 dag (30 g)
Weizenkeime	10 dag (100 g)	Buttermilch	1 l
Sauerteig	30 dag (300 g)	Keimöl	4 EL
		Wasser nach Bedarf	

Zubereitung:

Sauerteig, Germ mit ¼ l warmem Wasser glattrühren, das Dampfel ins Mehl geben. Nach dem Aufgehen den Teig mit den übrigen Zutaten mischen, das Öl am Schluß dazugeben und fest kneten. Nach dem Rasten den Teig zu drei Wecken ausformen, gehen lassen und backen.

Backzeit: 60 Minuten, Backtemperatur: 220° C

Vollsojabrot

Zutaten:

Roggenvollmehl	60 dag (600 g)	Germ	2 dag (20 g)
Roggenmehl	30 dag (300 g)	Salz	2 dag (20 g)
Vollsojamehl	20 dag (200 g)	Kümmel	2 dag (20 g)
Sauerteig	10 dag (100 g)	Wasser	¼–⅝ l

Zubereitung:

Aus Sauerteig und Germ rührt man mit Wasser das Dampfel ab, läßt es in einem Grübchen im gemischten Mehl aufgehen, mischt und knetet den Teig mittelfest. Nach dem Rasten wird der Brotteig nochmals geknetet, zu einem Laib gewirkt, rasten gelassen und gebacken.

Backzeit: 70 Minuten, Backtemperatur: 220° C

Schrotbrot, grob

Zutaten:

Roggenschrot, grob	1,20 kg	Salz	10 dag (100 g)
Wasser, warm	1,20 kg	Germ	8 dag (80 g)
Roggenvollmehl	3,50 kg	Fenchel, ganz	1 Handvoll
Sauerteig	50 dag (500 g)	Brotgewürz, gem.	1 Handvoll
Wasser, warm	2 l		

Zubereitung:

Am Vorabend Roggenschrot und Wasser ansetzen. Daneben noch Sauerteig mit etwas Wasser anrühren.

Am nächsten Tag die ganzen Zutaten laut Rezept zu einem Teig verkneten, rasten lassen, dann in ca. 7 Wecken formen, wieder gehen lassen, dann backen.

Backzeit: 10 Minuten, Backtemperatur: 250° C
       60 Minuten, Backtemperatur: 200° C

Vollkornbrot der lw. Fachschule Drauhofen

Zutaten:

Roggenvollmehl	2 kg	Salz	6 dag (60 g)
Roggenmehl	2 kg	Kümmel	4 EL
Sauerteig	30 dag (300 g)	Wasser	2,5 l
Germ	1 dag (10 g)		

Zubereitung:

Das Dampfel am Vortag einweichen, glatt drücken, am Abend in eine Grube ins Mehl seihen, soviel warmes Wasser verwenden und Mehl einrühren, daß man möglichst viel Dampfel bekommt und dieses hoch aufgehen kann. Die Germ vor dem Kneten zum Dampfel mischen. Mit allen Zutaten wird ein fester Teig bereitet und sehr gut geknetet. Nach etwa zweistündiger Rastzeit werden 7 Wecken geformt, die nochmals aufgehen müssen und dann gebacken werden.
Backzeit: 60 Minuten, Backtemperatur: 220° C

Vollkornbrot

Zutaten:

Roggenvollmehl	1 kg	Sauerteig	10 dag (100 g)
Weizenvollmehl	40 dag (400 g)	Salz	1 EL
Weizenmehl	40 dag (400 g)	Brotgewürz	2 EL
Germ	2 dag (20 g)	Wasser warm	1 l + ⅛ l

Zubereitung:

Sauerteig zu Mittag in lauwarmes Wasser einweichen. Das Mehl vorbereiten. Am Abend in der Mitte des Mehles den aufgelösten Sauerteig eindampfeln. Über Nacht zudecken. Am nächsten Morgen die Germ in das Mehl bröseln. Mit den übrigen Zutaten einen Teig kneten, rasten lassen, 3 Wecken formen, gehen lassen und backen.
Backzeit: 60 Minuten, Backtemperatur: 230° C

Schrotbrot – Kastenform

Zutaten:

Roggenschrot	75 dag (750 g)	Salz	2 EL
Weizenschrot	1 kg	Gewürze, gem.	4 EL
Weizenmehl	25 dag (250 g)	Wasser, warm	1⅛ l
Sauerteig	15 dag (150 g)		
Germ	4 dag (40 g)		

Zubereitung:
Am Abend Roggenschrot mit ¾ l warmem Wasser ansetzen. Nebenbei noch den Sauerteig in etwas Wasser anrühren. Am nächsten Tag alle Zutaten verkneten und gehen lassen. Drei Wecken formen, gehen lassen und backen.
Backzeit: 70 Minuten, Backtemperatur: 220° C

Roggenbrot von Fr. Bugl aus St. Margarethen

Zutaten:

Roggenvollmehl	1 kg	Brotgewürz	1 EL
Weizenvollmehl	20 dag (20 g)	Germ	2 dag (20 g)
Salz	1 TL	Sauerteig	20 dag (200 g)
Leinsamen	1 EL	Wasser	1 l

Zubereitung:
Diese Zutaten werden über Nacht mit warmem Wasser zu einem halbfesten Teig angesetzt (geknetet), in der Früh den Teig nochmals kneten und zu 2 Wecken formen; gehen lassen und backen.
Backzeit: 70 Minuten, Backtemperatur: 220°C

Sonnenblumenbrot von Fr. Bugl

Zutaten:

Roggenvollmehl	1 kg	Germ	4 dag (40 g)
Dinkelvollmehl	1 kg	Salz	2 TL
Sonnenblumenkerne	20 dag (200 g)	Sauerteig	10 dag (100 g)
Brotgewürz	2 EL	Wasser	1½ l

Zubereitung:
Alle Zutaten mit warmem Wasser oder Molke zusammenkneten, über Nacht gehen lassen, dann Wecken formen, nochmals gehen lassen und backen.
Backzeit: 70 Minuten, Backtemperatur: 220° C

Salamibrot

Zutaten:

Roggenvollmehl	1 kg	Salami	30 dag (300 g)
Roggenmehl	50 dag	Salz	3 dag (30 g)
Sauerteig	15 dag (150 g)	Petersilie	3 EL
Germ	5 dag (50 g)	Kümmel	3 EL
		Wasser	1 l

Zubereitung:
Sauerteig und Germ mit etwas warmem Wasser glattrühren, ins Mehl dampfeln. Die Salami schneiden. Alle Zutaten zu einem mittelfesten Teig mischen, den Teig gehen lassen, zwei Wecken formen, nochmals rasten lassen und backen.
Backzeit: 70 Minuten, Backtemperatur: 230° C

Fünfkorn-Fruchtbrot

Zutaten:

Fünfkornvollmehl	1 kg	Salz	3 dag
Roggenmehl	50 dag (500 g)	Anis	1 EL
Sauerteig	20 dag (200 g)	Kümmel	1 EL
Germ	3 dag (30 g)	Wasser	1½ l

Zubereitung:
Fünfkornmehl (Dinkel, Weizen, Gerste, Roggen, Hafer) wird über Nacht in ¾ l warmem Wasser eingeweicht. Ebenso weicht man den Sauerteig mit etwa ¼ l warmem Wasser ein und rührt ihn glatt. Dann das Dampfel in das Mehl geben, die Germ dazurühren, und nachdem der Sauerteig gegangen ist, mit den übrigen Zutaten und dem restlichen warmen Wasser den Teig mischen und kneten, rasten lassen, drei Wecken formen, wieder rasten lassen und backen.
Backzeit: 70 Minuten, Backtemperatur: 220° C

Käsebrot

Zutaten:

Roggenvollmehl	40 dag (400 g)	Salz	1 EL
Roggenmehl	20 dag (200 g)	Koriander	2 Msp.
Hartkäse	10 dag (100 g)	Petersilie	2 EL
Sauerteig	10 dag (100 g)	Wasser	⅜ l
Germ	1 dag (10 g)	Öl	2 EL

Zubereitung:
Hartkäse in das Mehl reiben, Sauerteig ansetzen (Sauerteig, Germ, ⅛ l warmes Wasser) – den Teig mit Dampfel, Gewürzen und dem restlichen Wasser mischen, dann das Öl dazugeben und kneten. Einen Wecken formen, gehen lassen und backen.
Backzeit: 70 Minuten, Backtemperatur: 220° C

Hausbrot

Zutaten:

Roggenvollmehl	1,5 kg	Wasser	1¼ l
Roggenmehl	50 dag (500 g)	Salz	4 dag (40 g)
Weizenmehl	20 dag (200 g)	Gewürze	4 dag (40 g)
Sauerteig	20 dag (200 g)		

Zubereitung:
Mehl und Gewürze mischen, im Mehl ein Grübchen machen und in dieses den mit ½ l warmem Wasser glatt gerührten Sauerteig und etwas Mehl breiig einrühren. Wenn der Sauerteig genügend aufgegangen ist, dann knetet man mit dem restlichen warmen Wasser den Teig gut ab und läßt ihn 2 Stunden rasten. Danach wird er zu 3 Wecken gewirkt, dann nochmals gehen gelassen und gebacken.
Backzeit: 70 Minuten, Backtemperatur: 220° C

Bauernvollkornbrot

Zutaten:

Roggenvollkornmehl	1,2 kg	Salz	3 TL
Weizenvollkornmehl	40 dag (400 g)	Kümmel, Anis,	
Sauerteig	15 dag (150 g)	Fenchel,	je 1 EL
Wasser, warm	1¼ l	Koriander, ganz	

Zubereitung:

Sauerteig in ½ l warmes Wasser verrühren, 40 dag (400 g) Roggenvollmehl dazurühren und über Nacht stehen lassen.

15 dag (150 g) nimmt man nun für den nächsten Brotteig weg (Sauerteig). Das restliche Mehl, das restliche Wasser und die übrigen Zutaten zu einem Teig kneten, rasten lassen, 3 Laibe formen, gehen lassen und backen.

Backzeit: 10 Minuten, Backtemperatur: 250° C dann
Backzeit: 60 Minuten, Backtemperatur: 190° C

Sauerteigblitzbrot

Zutaten:

Roggenvollmehl	30 dag (300 g)	Sauerteig	15 dag (150 g)
Weizenvollmehl	30 dag (300 g)	Salz	2 TL
Germ	3 dag (30 g)	Kümmel, Fenchel	2 EL
Wasser, warm	½ l		

Zubereitung:

Sauerteig mit etwas Wasser anrühren, dann mit allen Zutaten einen Teig kneten, rasten lassen, 1 Wecken formen, wieder rasten lassen und backen.

Variante:

grobgehackte Nüsse, Zwetschken, Rosinen, Sonnenblumenkerne [immer nur eine Menge von 30 dag (300 g) pro Zutat nehmen].
In den Teig einarbeiten.

Rezepte für Brote
mit Spezial-Backferment

Dreikornbrot mit Spezial-Backferment

Zutaten:

Roggenvollmehl	40 dag (400 g)	Weizenvollmehl	1 kg
Wasser	½ l	Wasser	¼ l
Grundansatz	1 EL	Salz	
Backfermentpulver	1 TL		
Hafer, ganz	30 dag (300 g)		
Wasser	½ l		

Zubereitung:

Am Vorabend wieder aus Roggenvollmehl, Wasser, Grundansatz, Backfermentpulver einen Vorteig machen, gleichzeitig Haferkörner mit kochendem Wasser
überbrühen und auch stehenlassen, dann mit allen Zutaten, auch mit dem Hafer-
Einweichwasser, einen Teig bereiten. Gehen lassen, 2 Brote formen, wieder gehen
lassen und backen.
Backzeit: 10 Minuten, Backtemperatur: 250° C, dann
Backzeit: 60 Minuten, Backtemperatur: 200° C

Sonnenblumenbrot mit Backferment

Zutaten:

Roggenvollmehl	40 dag (400 g)	Weizenvollmehl	1 kg
Wasser, warm	½ l	Wasser, warm	½ l
Grundansatz	1 EL	Salz	
Backfermentpulver	1 TL	Sonnenblumenkerne	25 dag (250 g)

Zubereitung:

Verarbeitung, siehe oben.

Nußbrot mit Spezial-Backferment

Zutaten:
Vorteig:

Roggenvollmehl	40 dag (400 g)	Weizenvollmehl	80 dag (800 g)
Wasser, warm	½ l	Salz	
Grundansatz	1 EL	Nüsse	20 dag (200 g)
Backfermentpulver	1 TL	Wasser, warm	¾ l
		Roggenvollmehl	40 dag (400 g)

Zubereitung:
Die Zutaten der linken Seite wieder am Vorabend ansetzen. Am nächsten Tag alle Zutaten verkneten, gehen lassen, formen, gehen lassen und backen.
Backzeit: 10 Minuten, Backtemperatur: 250° C, dann
Backzeit: 50 Minuten, Backtemperatur: 190° C

Früchtebrot mit Spezial-Backferment

Zutaten:

Roggenvollmehl	40 dag (400 g)	Salz	
Wasser, warm	½ l	Trockenfrüchte	1 kg
Grundansatz	1 EL	Wasser	2 l
Backfermentpulver	1 TL	Nüsse	25 dag (250 g)
Roggenvollmehl	40 dag (400 g)		
Weizenvollmehl	80 dag (800 g)		
Einweichwasser	¾ l		

Zubereitung:
Am Vorabend 40 dag (400 g) Roggenvollmehl, Wasser, Grundansatz, Backfermentpulver anrühren und stehen lassen, gleichzeitig die Trockenfrüchte in 2 l

Wasser einweichen. Am nächsten Tag die Früchte abseihen, das Wasser für den Teig verwenden. Mit allen Zutaten einen Teig kneten, gehen lassen, dann in eingeweichte, getrocknete, bebutterte Römertöpfe geben (2 St.) und ins kalte Rohr stellen.

Backzeit: 40 Minuten, Backtemperatur: 250° C, dann Deckel abnehmen und Backzeit: 60 Minuten, Backtemperatur: 180° C

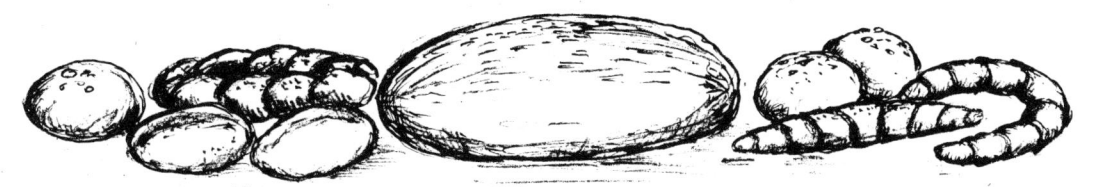

Rezepte für
Brote mit Germ

Buttermilchbrot

Zutaten:

Roggenvollmehl	20 dag (200 g)	Salz	1 TL
Weizenvollmehl	50 dag (500 g)	Buttermilch	½ l
Germ	2 dag (20 g)	Haferflocken	10 dag (100 g)
		Wasser	⅛ l

Zubereitung:
Teigzubereitung wie bei Kleingebäck, rasten lassen, einen Wecken formen, wieder rasten lassen und backen.
Backzeit: 60 Minuten bei Backtemperatur: 220° C

Helles Vollkornbrot in Kastenform

Zutaten:

Weizenvollmehl	50 dag (500 g)	Milch, warm	¼ l
Buchweizenvollmehl	10 dag (100 g)	Salz	1 TL
Germ	3 dag (30 g)	Wasser, warm	½ + ⅛ l

Zubereitung:
Einen Germteig bereiten, gehen lassen, nun einen Strang formen, in die Kastenform legen, wieder gehen lassen und backen.
Backzeit: 10 Minuten bei Backtemperatur: 150° C
Backzeit: 30 Minuten bei Backtemperatur: 190° C

Dinkelbrot in Kastenform

Zutaten:

Dinkelvollmehl	50 dag (500 g)	Wasser, warm	¼ + 1/16 l
Germ	3 dag (30 g)	Salz	1 TL

Zubereitung:
Wie oben verarbeiten und backen.
Dinkelbrot ist eine Delikatesse. Es wird sehr locker und schnittfest und hat ein feines Aroma. Es ist wegen des hohen Mineralstoffgehaltes sehr wertvoll.

Käsekräuterbrot

Zutaten:

Weizenvollmehl	50 dag (500 g)	Buttermilch, warm	¼ l
Käse, gerieben	8 dag (80 g)	Salz	1 TL
Germ	3 dag (30 g)	Petersilie, Schnittlauch, getrocknete Kräuter }	je 1 EL

Zubereitung:
Einen Germteig bereiten, gut kneten und rasten lassen.
Den Teig in eine Kastenform geben, gehen lassen und backen.
Backzeit: 40 Minuten, Backtemperatur: 220° C

Sonnenblumenbrot

Zutaten:

Weizenvollmehl	50 dag (500 g)	Sonnenblumenkerne	10 dag (100 g)
Roggenvollmehl	20 dag (200 g)	Buttermilch	½ l
Germ	3 dag (30 g)		

Zubereitung:
Verarbeitung und Backzeit, siehe oben.

Topfenbrot

Zutaten:

Weizenvollmehl	50 dag (500 g)	Butter, zerlassen	5 dag (50 g)
Germ	2 dag (20 g)	Topfen	10 dag (100 g)
Salz	1 TL	Milch, warm	¼ l

Zubereitung:
Mit allen Zutaten einen Teig kneten, rasten lassen, dann einen Wecken formen,
wieder rasten lassen und backen.
Backzeit: 40 Minuten, Backtemperatur: 210° C

Milchbrot

Zutaten:

Weizenvollmehl	1 kg	Anis	1 dag (10 g)
Germ	4 dag (40 g)	Milch	⅝ l
Salz	2 TL		

Zubereitung:
Alle Zutaten fest kneten, gehen lassen, dann formen (2 Stück), wieder gehen lassen und backen.
Backzeit: 50 Minuten, Backtemperatur: 210° C

Milchbrot, fein

Zutaten:

Weizenvollmehl	1½ kg	Milch	½ kg
Germ	4 dag (40 g)	Dotter	2 St.
Butter	10 dag (100 g)	Salz	

Zubereitung:
Germteig mit allen Zutaten (auch mit zerlassener Butter) kneten, rasten lassen, formen, gehen lassen und backen.
Backzeit: 50 Minuten, Backtemperatur: 210° C

Toastbrot

Zutaten:

Weizenvollmehl	60 dag (600 g)	Salz	
Germ	2 dag (20 g)	Öl	2 EL
Milch od. Wasser	⅜ l		

Zubereitung:
Teig kneten, rasten lassen, in 2 Kastenformen einlegen, aufgehen lassen und backen.
Backzeit: 30 Minuten, Backtemperatur: 200° C

Toastbrot

Bananenbrot

Zutaten:

Weizenvollmehl	50 dag (500 g)	Germ	2 dag (20 g)
Honig	4 EL	Zitronensaft	1 EL
Bananen	2 St.	Butter	8 dag (80 g)
Salz	1 TL	Milch	⅛ l

Zubereitung:

Alle Zutaten außer dem Mehl im Mixglas pürieren, dann mit dem Mehl verkneten, rasten lassen, einen Wecken formen, ein zweites Mal gehen lassen und backen.
Backzeit: 30 Minuten, Backtemperatur: 230° C

Käsebrot

Zutaten:

Weizenvollmehl	50 dag (500 g)	Salz	
Käse, ger.	10 dag (100 g)	Koriander	1 Msp.
Germ	2 dag (20 g)	Muskatnuß	1 Msp.
Öl	2 EL	Wasser	¼ l

Zubereitung:
Käsereste reiben, mit allen Zutaten einen Teig kneten, rasten lassen, einen Wecken formen oder zu kleinen Weckerln ausformen, mit Milch bestreichen, rasten lassen und backen.
Backzeit: 50 Minuten, Backtemperatur: 220° C

Maisbrot I

Zutaten:

Weizenvollmehl	30 dag (300 g)	Honig	10 dag (100 g)
Maisvollmehl	30 dag (300 g)	Butter	10 dag (100 g)
Kartoffeln	30 dag (300 g)	Zitronenschale von	1 Zitrone
Germ	3 dag (30 g)	Rum	
Ei	2 St.	Milch	⅛–¼ l
Salz, Anis			
Rosinen	10 dag (100 g)		

Zubereitung:
Kartoffeln kochen und passieren, dann mit allen Zutaten einen Germteig kneten, nach dem Rasten in eine befettete Kastenform geben, rasten lassen und backen.
Backzeit: 60 Minuten, Backtemperatur: 210° C

Fleck – Erntegebäck aus Kärnten

Zutaten:

Roggenvollmehl	30 dag (300 g)	Kümmel	1 EL
Weizenvollmehl	30 dag (300 g)	Sauerrahm	⅛ l
Germ (Hefe)	2 dag (20 g)	Liebstöckel, Petersilie	4 EL
Wasser	½ l		
Salz	1 TL		

Zubereitung:

Aus Mehl, Wasser, Germ, Salz und Kümmel einen sehr weichen, streichfähigen Germteig bereiten, der nach dem Rasten zu kreisrunden, untertassengroßen und fingerdicken Flecken auf ein befettetes Blech gestrichen, mit Sauerrahm bepinselt und mit einem Kräutergemisch bestreut wird, nach kurzer Rastzeit backen.
Backzeit: 15 Minuten, Backtemperatur: 250° C

Dinkelbrot von Frau Bugl

Zutaten:

Dinkelvollmehl	1 kg	Salz	1 dag (10 g)
Germ	4 dag (40 g)	Brotgewürz	1 EL
		Milch oder Molke	50 dag (500 g)

Zubereitung:

Teig kneten, gehen lassen, Wecken formen, gehen lassen und backen.
Backzeit: 60 Minuten, Backtemperatur: 210° C

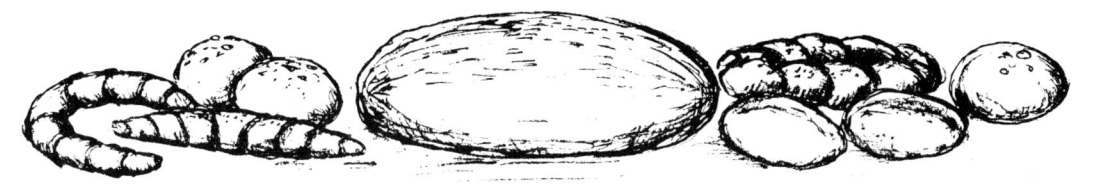

Rezepte für
Brote mit Sauerteig,
zubereitet mit
Auszugsmehl

Einfaches Kletzenbrot

Zutaten:

Roggenvollmehl	50 dag (500 g)	Honig	15 dag (150 g)
Kletzen	30 dag (300 g)	Zimt	1 EL
Nüsse	10 dag (100 g)	Nelkenpulver	2 Msp.
Sauerteig	10 dag (100 g)	Anis	1 EL
Germ	1 dag (10 g)	Zitronenschale u. -saft	1 Stamperl
Schnaps oder Rum	1 Stamperl	Kletzenwasser	¼ l
Salz	1 TL		

Zubereitung:
Kletzen kochen, faschieren, aus Sauerteig und Germ ein Dampfel bereiten. Alle Zutaten zu einem mittelfesten Teig mischen und kneten, dann rasten lassen. Nachher den Kletzenteig zu einem Laib oder Wecken formen, ihn mit Wasser oder Milch bestreichen und nach kurzem Aufgehen backen.
Backzeit: 70 Minuten, Backtemperatur: 210° C

Topfenbrot

Zutaten:

Roggenvollmehl	75 dag (750 g)	Kümmel	1 EL
Topfen (Quark)	25 dag (250 g)	Koriander	3 Msp.
Sauerteig	15 dag (150 g)	Salz	2 dag (20 g)
Germ	2 dag (20 g)	Wasser	ca. ⅜ l

Zubereitung:
Sauerteig und Germ in ⅛ l warmes Wasser einweichen – eindampfeln. Dann alle Zutaten mit dem restlichen warmen Wasser mischen und den Teig kneten. Den gerasteten Teig zu 1 Laib oder Wecken wirken und nach kurzem Aufgehen backen. Es ist günstig, das Mehl mit dem Topfen (Quark) zuerst feinbröselig zu mischen, ehe man das Dampfel in das Mehl rührt.
Backzeit: 70 Minuten, Backtemperatur: 250° C

Molkebrot der landw. FS Drauhofen

Zutaten:

Roggenvollmehl	3 kg	Kümmel	2 EL
Sauerteig	25 dag (250 g)	Anis	1 EL
Germ	1 dag (10 g)	Koriander	1 TL
Salz	4 dag (40 g)	Molke	2 l

Zubereitung:

Sauerteig und Germ in etwas warmer Molke anrühren, darauf ins Mehl eindampfeln. Dann alle Zutaten verkneten und gehen lassen, nun fünf Wecken formen, in bemehlte Simperl legen und nochmals gehen lassen, bestreichen, dann backen.
Backzeit: 70 Minuten, Backtemperatur: 220° C

Zwiebel- oder Speckbrot

Zutaten:

Roggenmehl	2 kg	Salz	6 dag (60 g)
Weizenmehl	1 kg	Brotgewürz	
Sauerteig	50 dag (500 g)	Zwiebel oder Speck,	
Germ	5 dag (50 g)	geröstet	30 dag (300 g)
		Wasser	2 l

Zubereitung:

Ringelig geschnittenen Zwiebel oder Speck goldbraun rösten, Sauerteig in ½ l warmem Wasser glattrühren, ins Mehl eindampfeln. Dann alle Zutaten, auch die abgekühlte Zwiebel oder den Speck zu einem mittelfesten Teig kneten. Nach dem Rasten Laibe oder Wecken wirken. Nach weiterem kurzen Aufgehen das Brot backen.
Dieses Rezept ist auch für Speckweckerln oder Zwiebelfladen bestens geeignet.
Backzeit: 70 Minuten, Backtemperatur: 220° C

Knäckebrot

Zutaten:

Roggenvollmehl	30 dag (300 g)	Honig	1 EL
Weizenmehl	20 dag (200 g)	Weiche Butter	8 dag (80 g)
Germ	1 dag (10 g)	Milch	½ l
Salz	1 TL		

Zubereitung:

Alle Zutaten zu einem geschmeidigen Teig verkneten. Es darf nicht mehr kleben. Den Teig sehr dünn ausrollen, aufs befettete Backblech legen, 7 x 14 cm große Stücke schneiden und sie mit der Gabel mehrmals anstechen.

Sofort nach dem Backen die Brotstücke auf Tüchern ausbreiten, zugedeckt auskühlen lassen und in gut schließenden Gefäßen aufbewahren.

Backzeit: 40 Minuten, Backtemperatur: 200° C

Maisbrot II

Zutaten:

Roggenmehl	50 dag (500 g)	Salz	2 dag (20 g)
Maismehl	50 dag (500 g)	Anis	1 EL
Sauerteig	20 dag (200 g)	Wasser	⅛–⅝ l
Germ	2 dag (20 g)		

Zubereitung:

Roggen- und Maismehl mischen – Sauerteig und Germ in ¼ l warmes Wasser einweichen und glattrühren, dann eindampfeln. Wenn das Dampfel aufgegangen ist, den Teig mit den Gewürzen und dem restlichen Wasser mischen und gut abkneten, rasten lassen. Dann Wecken oder Laib formen, nochmals kurz zum Aufgehen warmstellen und backen.

Maisbrot geht nicht besonders gut auf. Es wird flach, schmeckt aber sehr gut.

Backzeit: 80 Minuten, Backtemperatur: 210° C

Haferflockenwecken

Zutaten:

Roggenmehl	50 dag (500 g)	Salz	2 dag (20 g)
Hafermark	25 dag (250 g)	Kümmel	1 dag (10 g)
Sauerteig	10 dag (100 g)	Anis	1 dag (10 g)
Germ	1 dag (10 g)	Wasser	⅜–⅞ l

Zubereitung:

Sauerteig mit etwas Wasser abrühren, eindampfeln – mit allen Zutaten einen Teig kneten. Einen Wecken formen, nach kurzem Aufgehen backen.
Backzeit: 60 Minuten, Backtemperatur: 230° C

Leinsamenbrot

Zutaten:

Roggenmehl	1,25 kg	Brotgewürz	1 dag (10 g)
Weizenmehl	25 dag (250 g)	Sauerteig	25 dag (250 g)
Leinsamen	13 dag (130 g)	Germ	3 dag (30 g)
Salz	3 dag (30 g)	Wasser	1 l

Zubereitung:

Sauerteig wieder in etwas Wasser ansetzen. Alle Zutaten zu einem Teig kneten, rasten lassen, zwei bis drei Wecken formen, wieder rasten lassen und backen.
Backzeit: 50 Minuten, Backtemperatur: 220° C

Buttermilchbrot

Zutaten:

Roggenmehl	2 kg	Salz	4 dag (40 g)
Sauerteig	20 dag (200 g)	Kümmel, gem.	2 EL
Buttermilch	1 l	Anis	2 EL
Wasser warm	⅜–⅛ l		

Zubereitung:

Den Sauerteig in warmem Wasser glattrühren – das Mehl sieben – eindampfeln –
dann mit allen Zutaten den Teig bereiten, ihn gut kneten. Die Buttermilch zur Gänze
verwenden, mit dem Wasser ev. etwas zurückhaltend sein. Den Teig nach dem
Rasten wirken und nach kurzem Aufgehen mit Dampf backen (3 Brote formen).
Backzeit: 60 Minuten, Backtemperatur: 220° C

Weihnachtliches Kletzenbrot der HBLA Pitzelstätten

Zutaten:

Roggenmehl	50 dag (500 g)	Sauerteig	15 dag (150 g)
Kletzen	30 dag (300 g)	Germ	2 dag (20 g)
Dörrzwetschken	20 dag (200 g)	Anis	1 EL
Rosinen	20 dag (200 g)	Zimt	2 EL
Nüsse	10 dag (100 g)	Nelkenpulver	1 TL
Honig	20 dag (200 g)	Salz	1 EL
Wasser	¼ l	Zitrone, Schale u. Saft	1
Rum oder Schnaps	1 Stamperl	Orange, Schale u. Saft	1

Zubereitung:

Kletzen kochen, nudelig schneiden (das Kochwasser zur Teigbereitung verwenden). Zwetschken, nach Belieben auch Feigen, dieselbe Menge, beide nudelig
schneiden, Nüsse ganz lassen. Alle Früchte unter das Mehl mischen, mit Sauerteig,
Germ und etwas Wasser eindampfeln, mit allen Zutaten einen mittelfesten Teig
bereiten, ihn nach dem Rasten zu drei Wecken formen, diese mit Milch oder Ei
bestreichen, eventuell mit Nüssen verzieren und nach dem Rasten backen.
Backzeit: 80 Minuten, Backtemperatur: 210 °C

Hausbrot

Zutaten:

Roggenmehl	1 kg	Salz	3 dag (30 g)
Weizenmehl	40 dag (400 g)	Wasser, warm	1 l
Germ	5 dag (50 g)	Fenchel, ganz	1 EL
Sauerteig	10 dag (100 g)	Brotgewürz, gem.	1 EL

Zubereitung:

Alle Zutaten verkneten, 2 Kugeln schleifen und rasten lassen. Hat sich der Teig fast verdoppelt, so kneten Sie ihn nochmals. Nach Belieben nun Wecken oder Laibe formen, in bemehltes Simperl legen, nochmals gehen lassen, aufs Blech stürzen, mit Wasser besprühen, backen.

Backzeit: 10 Minuten, Backtemperatur: 250° C dann zurückschalten

Backzeit: 60 Minuten, Backtemperatur: 200° C

Hausbrot

Knoblauchbrot

Zutaten:

Roggenmehl	1 kg	Salz	2 dag (20 g)
Sauerteig	15 dag (150 g)	Knoblauch	6—8 Zehen
Germ	2 dag (20 g)	grüne Petersilie	2 EL
Wasser, warm	⅝—⅝ l	Kümmel	1 EL

Zubereitung:
Sauerteig und Germ in ⅛ l warmem Wasser glattrühren, ins Mehl eindampfeln. Nach erfolgter Rastzeit mit dem restlichen warmen Wasser und den Gewürzen den Teig mittelfest gut kneten. Nach dem Rasten wird der Teig in dünne Wecken ausgearbeitet, die nach kurzem Aufgehen mit Milch bestrichen und gebacken werden.
Backzeit: 60 Minuten, Backtemperatur: 230° C

Haferbrot

Zutaten:

Roggenmehl	50 dag (500 g)	Sauerteig	10 dag (100 g)
Hafermehl	25 dag (250 g)	Germ	1 dag (10 g)
Wasser	½ l	Salz	1 dag (10 g)
		Kümmel u. Anis	1 EL

Zubereitung:
Geschälter Hafer oder grobe Haferflocken werden in der Hausmühle so fein wie möglich gemahlen. Den Sauerteig weicht man ein, rührt ihn glatt und dampfelt ihn in das gemischte Mehl ein. Wenn das Dampfel genügend gegangen ist, bereitet man mit den übrigen Zutaten einen mittelfesten Brotteig, den man etwa 2 Stunden rasten läßt, einen Wecken oder Laib daraus formt, ihn nochmals kurz aufgehen läßt und bäckt.
Backzeit: 60 Minuten, Backtemperatur: 210° C

Kräuterbrot

Zutaten:

Roggenmehl	1 kg	Salz	2 dag (20 g)
Sauerteig	10 dag (100 g)	Wasser, warm	⅜ l
Germ	2 dag (20 g)	Rosmarin, Basilikum, Bohnenkraut, Zitronenmelisse }	4 EL

Zubereitung:

Sauerteig ansetzen, Dampfel bereiten, Teig mit den gehackten Kräutern und dem restlichen Wasser kneten, rasten lassen, Wecken formen und nach nochmaligem, kurzem Gehenlassen backen.

Backzeit: 60 Minuten bei 2 Wecken, Backtemperatur: 220° C

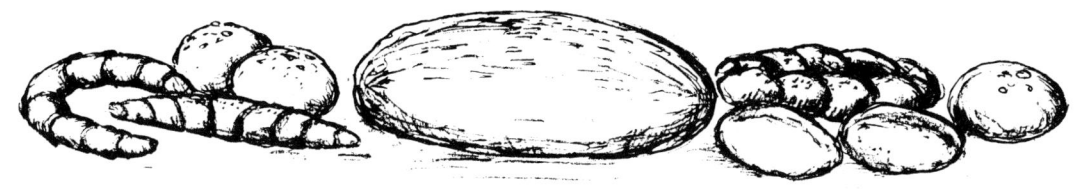

Rezepte für
Kleingebäck

Schematischer Ablauf der Teigzubereitung für Kleingebäck

Teigbereitung

1. Alle Zutaten laut Rezept in eine Teigschüssel geben.
Achtung: Germ niemals direkt zum Salz geben!
Die Flüssigkeit soll lauwarm sein, damit der Teig besser und schneller gehen kann.

Salz

Vollmehl

Germ

Wasser

2. Nun fest kneten, bis der Teig Blasen wirft, so wird er ganz feinporig.

3. Den gekneteten Teig zu einer Kugel formen.

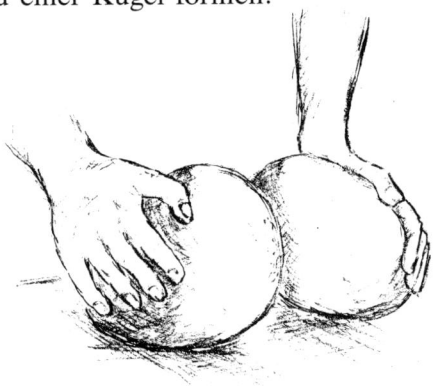

4. Die Kugel rasten lassen, bis sich das Volumen fast verdoppelt hat.

5. Die Kugel nun fest schlagen und zu einem Strang ausrollen. Fest schlagen ist wichtig, um keine Luftblasen im Gebäck zu haben.

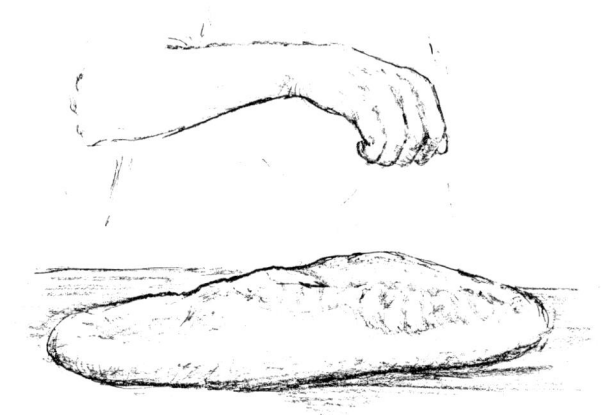

6. Den Strang nach Belieben zerteilen.
Bei Rezepten mit ca. 50 dag (500 g) Vollmehl um 15–20 Stück, bei ca. 1 kg Vollmehl um 20–30 Stück.

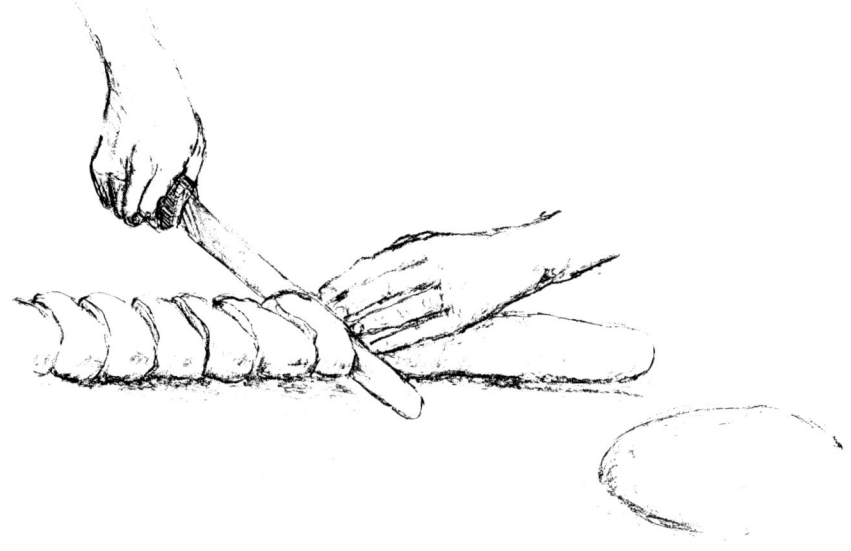

7. Die Teigstücke werden jetzt zu runden Laibchen geschliffen.

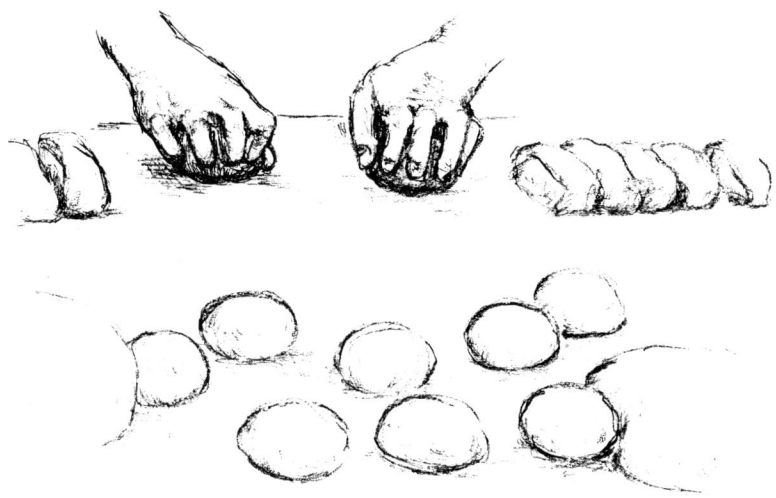

Vorschläge zur Gebäcksausformung

1. Langsemmel

Die runden Laibchen rollen Sie mit der Hand zu kleinen Teigsträngen aus. Darauf drücken Sie mit der Teigrolle (2,5 cm) diese Stränge in der Mitte, um eine Längsfalte zu erhalten.

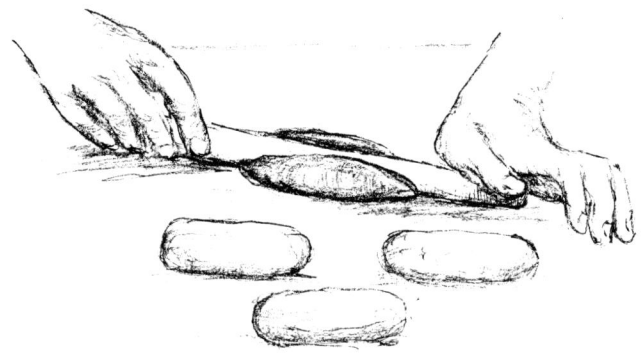

Nun klappen Sie das geteilte Weckerl nach oben zusammen und legen es mit dem Teigschluß nach unten zum Rasten.

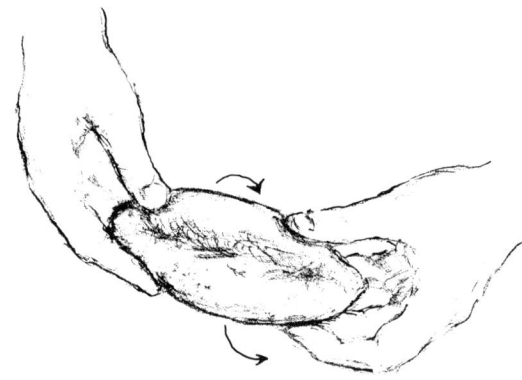

Nach dem Rasten drehen Sie es um, damit die Falte wieder sichtbar wird. Nun wird es besprüht und gebacken.

2. Kümmelweckerl

Das runde Laibchen wird mit 3 Fingern zum Körper hergezogen.

Dann mit dem Handballen vom Körper wegdrücken, um die Falte zu vertiefen. Nun wie die Semmel mit dem Teigschluß nach unten zum Rasten legen. Vor dem Backen umdrehen, bepinseln und mit Kümmel bestreuen.

3. Salzstangerl

Die runden Laibchen werden mit der Teigrolle zu ovalen Teigstückchen ausgerollt.

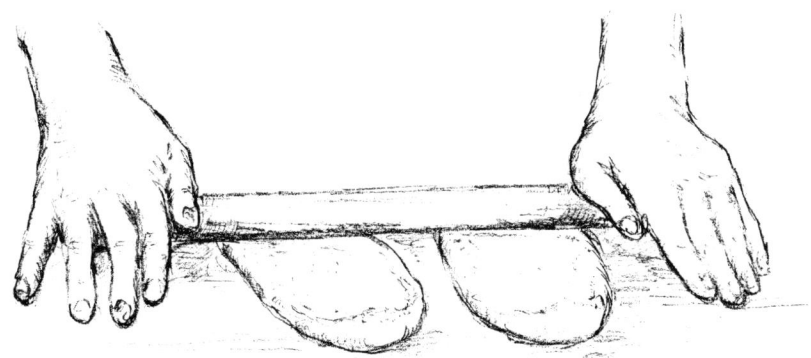

Mit der linken Hand hält man das untere Ende fest, während man mit der rechten Hand den Teig einrollt. Je fester Sie aufdrücken, umso länger wird das Stangerl!

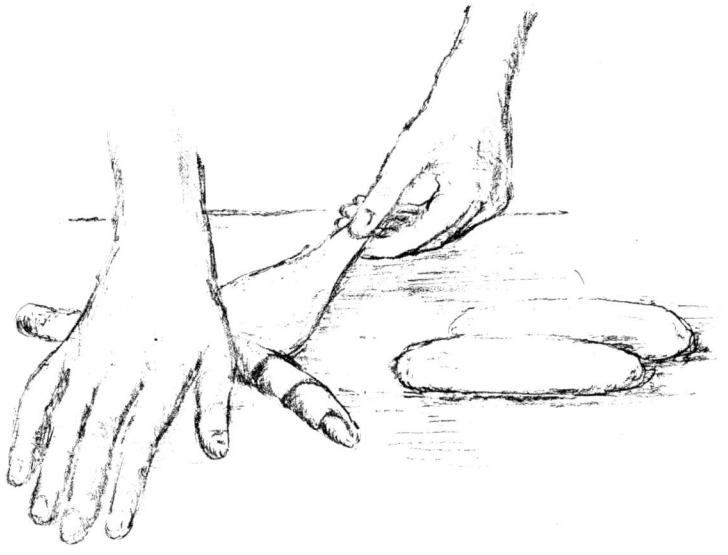

Nun direkt auf dem Blech aufgehen lassen.
Vor dem Backen wieder besprühen und mit Salz-Kümmel-Gemisch bestreuen.

4. Kipferl

Verarbeitung wie Salzstangerl, nur in Kipferlform aufs Blech legen und vor dem Backen wieder besprühen.

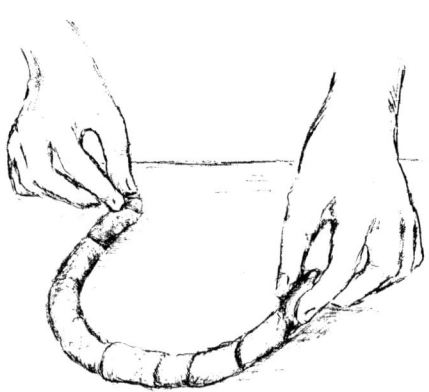

5. Schnecken

Die runden Laibchen zu einem dünnen Strang ausrollen (die Enden ev. dünner) und laut Skizze formen.

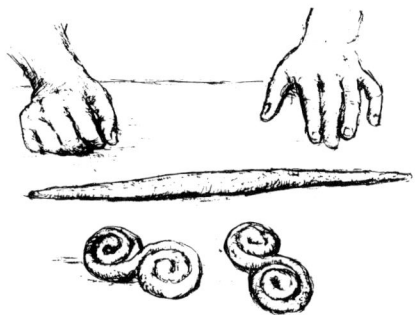

6. Mohnweckerl, einfach

Die runden Laibchen zu langen dünnen Strängen ausrollen.
Nach der Skizze formen. – Will man jedoch ein echtes Bäckerweckerl haben, so müssen Sie noch eine Schlinge zufügen.

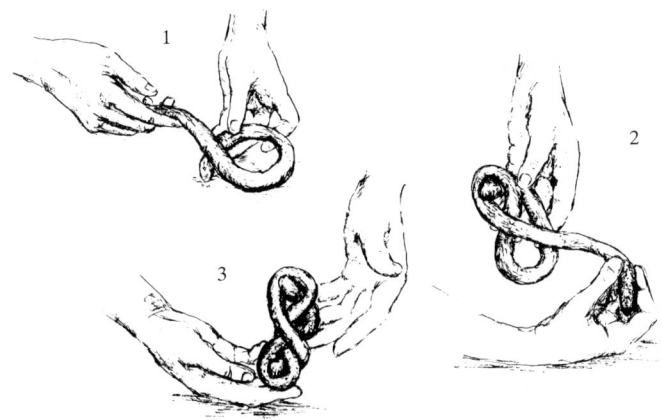

Nach dem Formen direkt auf dem Blech gehen lassen.
Vor dem Backen besprühen und in Mohn wenden.

7. Mohnstriezerl

Die runden Laibchen in 3 Teile teilen und zu dünnen Strängen ausrollen. Dann zu einem Zopf flechten! Auf dem Blech gehen lassen, besprühen, in Mohn tauchen und backen.

8. Phantasiegebäck

Die runden Laibchen dünn ausrollen und laut Skizze formen.
Vor dem Backen besprühen und nach Belieben bestreuen.

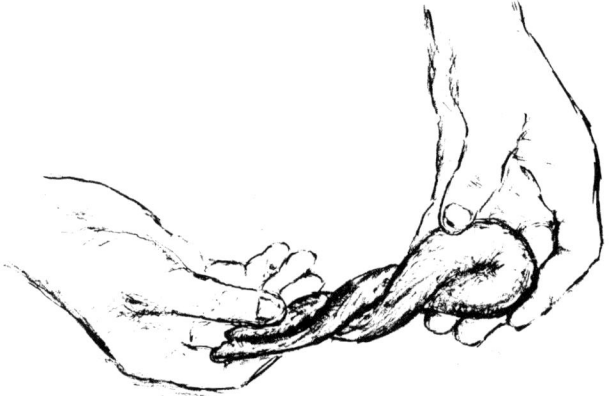

9. Partyrad

Erfreut sich großer Beliebtheit. Geformtes Gebäck nach Belieben zusammenstellen, gehen lassen, besprühen und mit Gewürzen nach Phantasie bestreuen.

10. Bäckersonne

Die runden Laibchen einfach im Kreis aufsetzen (direkt am Blech), gehen lassen, besprühen und nach Phantasie bestreuen.
Backzeit von ca. 20 Stück um die 30 Minuten bei 220° C.
Unbedingt mit Folie bedecken, sonst bräunt das Gebäck zu stark.

11. Rosinenlaibchen

Runde Teiglaibchen oben mit der Schere kreuzweise einzwicken. Bepinseln, gehen lassen – dadurch öffnet sich das Weckerl.

12. Käsestangerl

1. Stangerl formen, mit halbierten Käsescheiben belegen, gehen lassen, backen.
2. Kümmelweckerl formen, mit geriebenem Käse-Kümmel-Gemisch bestreuen, gehen lassen und backen.

13. Mohnweckerl, doppelt geschlungen

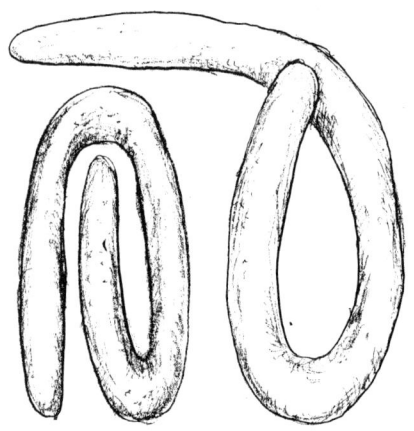

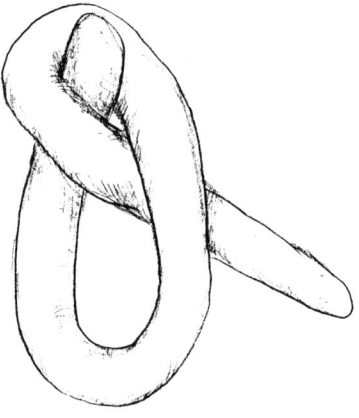

Man formt einen nicht zu langen Strang. Mit ⅔ des Stranges wird eine Schlaufe gebildet und das Ende fest angedrückt.

Das freie Strangdrittel wird durch die Schlaufe gezogen.

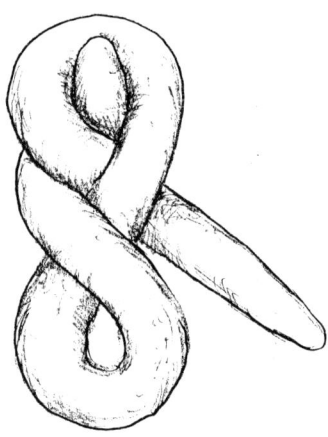

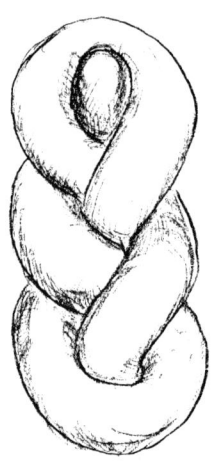

Der untere Teil der Schlaufe wird von links nach rechts umgedreht.

Das freie Strangende wird nun von oben durch die kleine Schlaufe gezogen und unten angedrückt.

14. Knopfsemmel

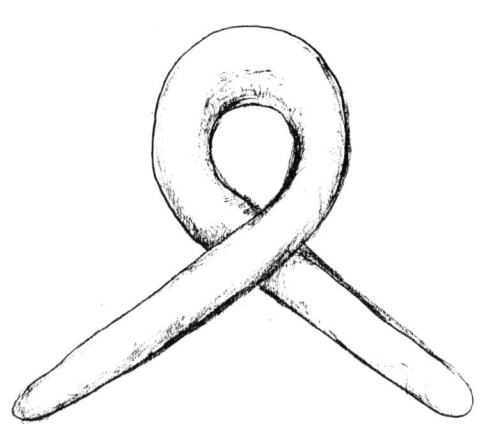 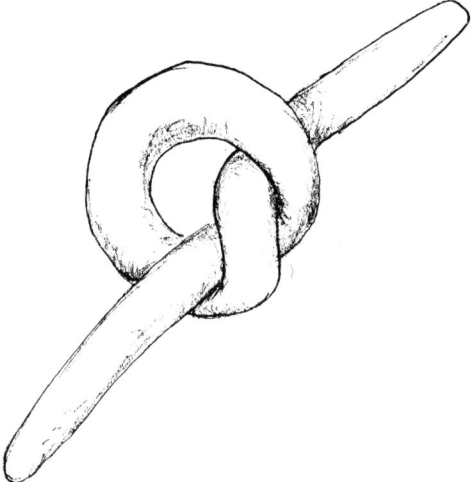

Man formt einen gleichmäßigen Strang und bildet damit eine kleine Schlaufe. Der rechte Strangteil wird dabei über den linken gelegt.

Der rechte Strangteil wird von oben durch die Schlaufe nach rechts geführt.

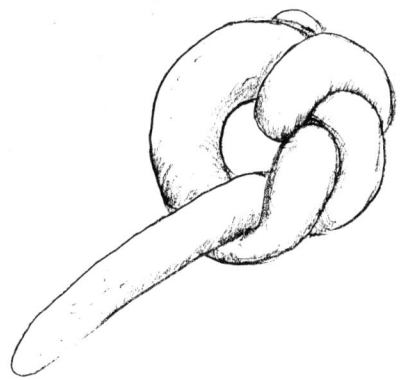 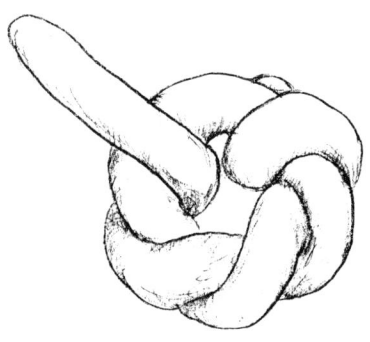

Der verbliebene rechte Strangteil wird nochmals von oben durch die Schlaufe gezogen und dann angedrückt.

Die linke Hand führt nun den linken Strangteil von unten durch die Schlaufe.

79

 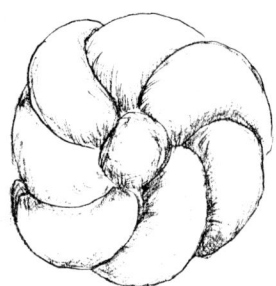

Der verbliebene linke Strangteil wird nochmals von unten durch die Schlaufe gesteckt.

Das aus der Mitte hervorstehende linke Strangende wird ein bißchen breitgedrückt, so daß es die Form eines Knopfes erhält.

Merke: Der rechte Strangteil wird zweimal von oben durch die Schlaufe gezogen und das Ende unten festgedrückt. Der linke Strangteil wird zweimal von unten durch die Schlaufe geführt und das aus der Mitte hervorstehende Ende breitgedrückt.

15. Bularknopf

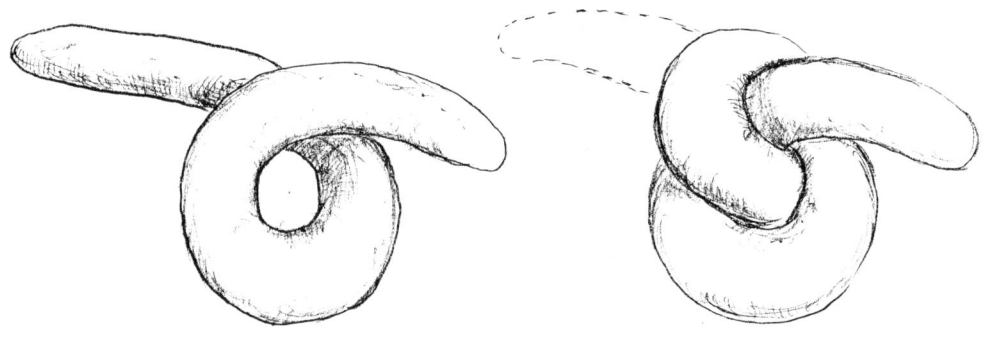

Zur Herstellung des Einstrangknopfes legt man einen nicht zu langen Strang in Schlaufenform.

Der länge, linke Strangteil wird von oben durch die Schlaufe geführt.

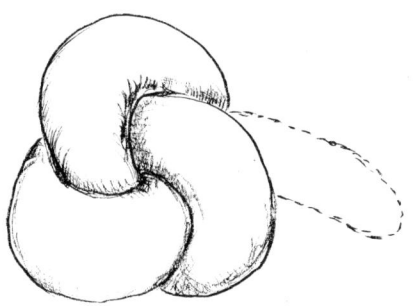

Nun wird das rechte Strangende nach unten geführt und mit dem linken Strangende unten verbunden.

Der fertige Knopf

16. Wiener Knopf

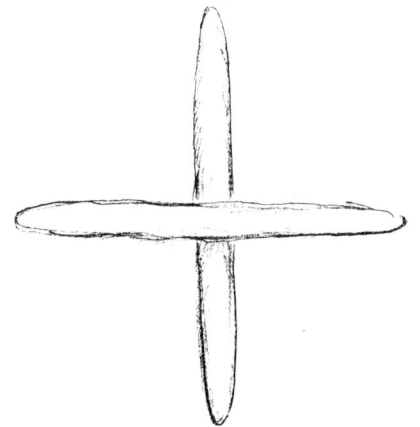 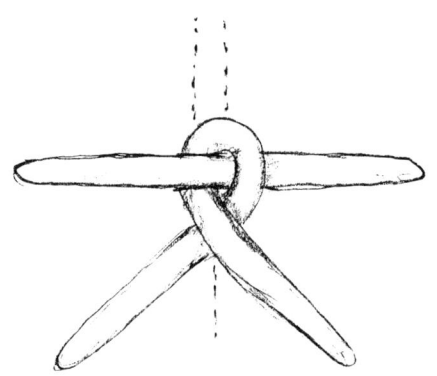

Aus einem Teigstück werden zwei kurze Stränge geformt und gemäß Abb. oben gelegt. Die rechte Hand erfaßt den oberen, die linke Hand den unteren Teil des Längsstranges.

Diese beiden Teile werden nun so nach unten gekreuzt, daß der rechte Teil unter den linken zu liegen kommt. Damit ist die Ausgangsstellung für die Flechtung erreicht.

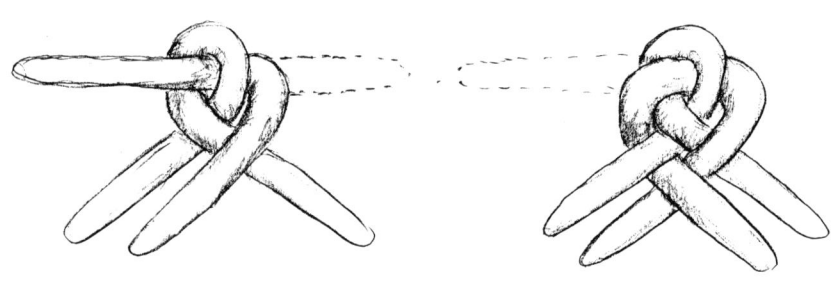

Der rechte Außenstrang wird über den benachbarten Strang geführt und als linker Innenstrang abgelegt.

Der linke Außenstrang wird unter den benachbarten Strang und über den folgenden geführt und als rechter Innenstrang abgelegt.

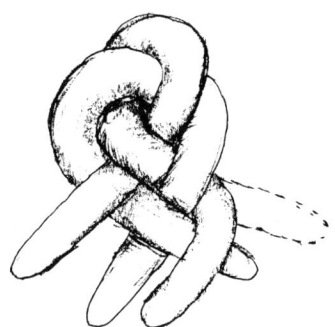
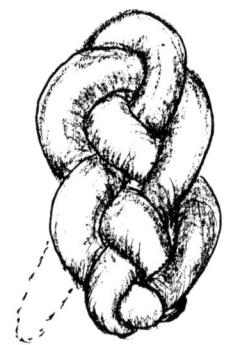

Wiederholung
Der rechte Außenstrang wird über den benachbarten Strang geführt und als linker Innenstrang abgelegt.

Der linke Außenstrang wird unter den benachbarten Strang und über den folgenden geführt und als rechter Innenstrang abgelgt. Die Enden zusammendrücken.

Das Flechtwerk wird nach oben gebogen und auf die erste Kreuzung des Längsstranges gedrückt. Dann wird das Geflecht umgedreht, und der Wiener Knopf ist fertig!

17. Mohnzöpfchen

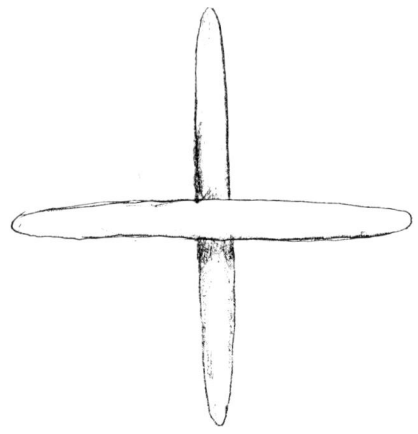

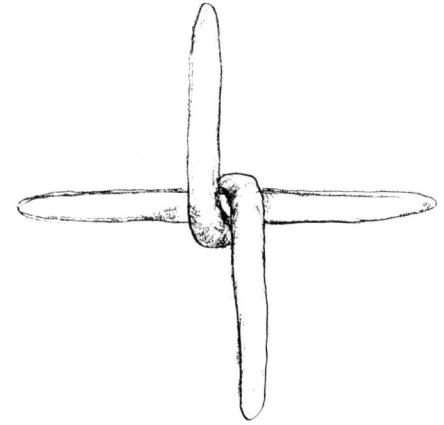

Aus einem Stück werden zwei gleich lange Stränge geformt und kreuzweise gelegt. Querstrang über Längsstrang!

Flechtung mit dem Längsstrang
Die rechte Hand führt den oberen Teil des Längsstranges nach unten, gleichzeitig die linke Hand den unteren Teil nach oben.

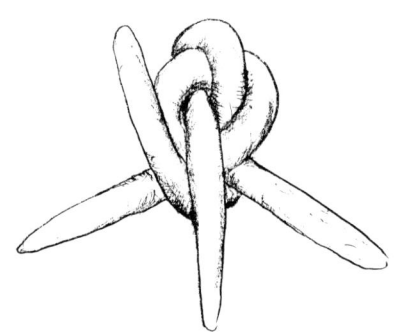

Flechtung mit dem Querstrang
Die Querstrangteile werden so nach unten gekreuzt, daß der rechte Teil über den linken zu liegen kommt.

Wiederholung der Flechtung mit dem Längsstrang: Die rechte Hand führt den oberen Teil des Längsstranges nach unten, gleichzeitig die linke Hand den unteren Teil nach oben.

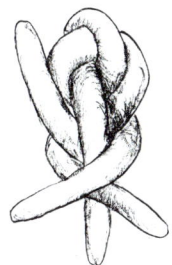 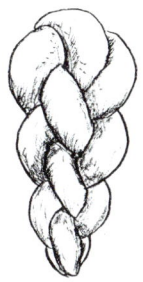

Wiederholung der Flechtung mit dem Querstrang – Die Querstrangteile werden so nach unten gekreuzt, daß der rechte Teil über den linken zu liegen kommt.
Merke:
1. Strangkreuz, Querstrang über Längsstrang
2. Flechtung mit dem Längsstrang: oberen Strangteil nach unten, unteren Teil nach oben

Sind die Strangteile völlig eingeflochten, so werden die Enden zusammengedrückt.

3. Flechtung mit dem Querstrang: Kreuzen der Strangteile, rechter Teil über linken
4. Wiederholung der Flechtung mit Längs- und Querstrang
5. Die Enden zusammendrücken

Mohnzöpfchen

Rezepte für Kleingebäck

Germteig – Grundteig für Kleingebäck

Zutaten:

Dinkel- od.		Salz	1 dag (10 g)
Weizenvollmehl	60 dag (600 g)	Wasser, warm	37 dag (370 g)
Dinkelmehl, ausgesiebt	10 dag (100 g)		
Germ	2 dag (20 g)		

Zubereitung:
Alle Zutaten in der Küchenmaschine kneten und rasten lassen, nach den folgenden Rezepten weiterverarbeiten oder nach eigener Fantasie formen, gehen lassen und backen. (Ca. 20 Minuten gehen lassen.)

Sesamsemmeln

Zutaten:

Grundteig	ca. 1 kg
Sesam	20 dag (200 g)

Zubereitung:
Sesam ohne Fett einige Minuten rösten, die Hälfte davon in den Teig kneten. Semmeln formen, mit dem Teigschluß nach unten rasten lassen. Umdrehen, mit Wasser bepinseln, in Sesam wenden und backen.
Backzeit: ca. 15 Minuten, Backtemperatur: 220° C

Rosinenweckerln I

Zutaten:

Grundteig	ca. 1 kg
Rosinen	20 dag (200 g)
Vanille	1 TL

Zubereitung:
Rosinen unter den Teig kneten, zu Kugeln schleifen, rasten lassen. Milch mit Vanille verrühren und die Weckerln bestreichen!
Backzeit: 15 Minuten, Backtemperatur: 250° C

Partystangerln

Zutaten:

Weizen- od.		Milch	⅜ l
Dinkelvollmehl	40 dag (400 g)	Salz	1 Prise
Dinkelmehl	20 dag (200 g)	Öl	2 EL
Germ	3 dag (30 g)	Emmentaler oder	
Dotter	2 St.	Bergkäse	10 dag (100 g)

Zubereitung:

Aus allen Zutaten einen Teig kneten, eine Kugel formen und gehen lassen, den aufgegangenen Teig in 20–22 gleichmäßige Stücke teilen. Diese werden zu 15 cm langen, an den Enden zugespitzten Stangerln geformt, mit Wasser bestrichen und mit einer Scheibe Käse belegt, nun rasten lassen!
Backzeit: 10–15 Minuten, Backtemperatur: 250° C

Partyweckerln

Dieselben Zutaten wie bei Partystangerln.
Der Käse wird kleinwürfelig geschnitten unter das Mehl gemischt, Teig aufgehen lassen, nun zu runden Laiberln wirken, gehen lassen und backen.
Backzeit: 10–15 Minuten, Backtemperatur: 250° C

Schusterlaiberln

Zutaten:

Weizen- od.		Salz	1 Prise
Dinkelvollmehl	40 dag (400 g)	Kümmel	1 EL
Roggenmehl	20 dag (200 g)	Wasser	⅜–⅛ l
Germ	2 dag (20 g)		

Zubereitung:

Den Teig kneten, rasten lassen, danach in 20–22 gleichmäßige Stücke teilen und schleifen.
Die Oberfläche einschneiden, mit Wasser bestreichen, mit Kümmel bestreuen, gehen lassen und backen.
Backzeit: 15 Minuten, Backtemperatur: 250° C

Salzstangerln I

Zutaten:

Grundteig   1 kg
Grobsalz und Kümmel zum Bestreuen

Zubereitung: Teig kneten, rasten lassen, Weckerln schleifen, zu ovalen Fleckerln ausrollen, Stangerln formen, bepinseln, mit Salz-Kümmel-Gemisch bestreuen und rasten lassen, backen. Backzeit: 10–15 Minuten, Backtemperatur: 250° C

Salzstangerl I

Salzstangerln II

Zutaten:

Dinkelvollmehl	60 dag (600 g)	Salz	1 Prise
Dinkelmehl	20 dag (200 g)	Milch	⅜ l
Germ	4 dag (40 g)	Grobsalz und	
Butter	8 dag (80 g)	Kümmel zum Bestreuen	

Zubereitung: Verarbeitung, siehe oben.

Kümmelweckerl

Zutaten:

Grundteig   1 kg
Kümmel

Zubereitung:

Teig kneten, rasten lassen, Laiberl formen, daraus Weckerl formen (siehe Skizze Seite 73 oben), nach dem Rasten umdrehen, mit Wasser bepinseln und mit Kümmel bestreuen, backen. Backzeit: 10–15 Minuten, Backtemperatur: 150° C

Dinkelkipferl

Zutaten:

Grundteig	1 kg
Honig	3 EL
Sonnenblumenöl, kaltgepreßt	2 EL
Dinkelmehl, fein	1 Handvoll

Dinkelkipferl

Zubereitung:
Verarbeitung wie Salzstangerl, dann nur noch zu Kipferln formen, auf dem Blech
gehen lassen, mit Wasser besprühen und backen.
Backzeit: 8–10 Minuten, Backtemperatur: 250° C

Frühstücksweckerln

Zutaten:

Dinkelvollmehl	50 dag (500 g)	Wasser, lauwarm	⅜–½ l
Roggenvollmehl	20 dag (200 g)	Salz	1 Prise
Germ	3 dag (30 g)	Brotgewürz	1 EL

Zubereitung:
Alle Zutaten zu einem Teig kneten, gehen lassen, kleine Laibchen formen,
nochmals gehen lassen, mit Ei bestreichen, mit Kümmel bestreuen und backen.
Backzeit: ca. 20 Minuten, Backtemperatur: 230° C

Frühstücksweckerln

Brötchen

Zutaten:

Dinkelvollmehl	65 dag (650 g)	Wasser, warm	⅛ l
Haferflocken	5 dag (50 g)	Germ	2 dag (20 g)
Salz	1 Prise	Kümmel	2 EL
Buttermilch	½ l		

Zubereitung:

Germ mit Wasser gut verrühren, dann die restlichen Zutaten mit dem Kochlöffel verrühren, ½ Stunde rasten lassen, nochmals verrühren, wieder rasten lassen, dann mit dem Löffel Häufchen aufs befettete Blech setzen, gehen lassen und backen.
Backzeit: ca. 20 Minuten, Backtemperatur: 250° C

Käserollen

Zutaten:

Grundteig	1 kg
Schafskäse	40 dag (400 g)
Basilikum	

Zubereitung:

Teig kneten, rasten lassen, Kugeln schleifen, mit einem Nudelholz kleine ovale Teige ausrollen, mit Öl bestreichen, Käse darauflegen, mit Basilikum würzen und einrollen, wieder mit Öl bestreichen und gehen lassen, backen.
Backzeit: 20–25 Minuten, Backtemperatur: 240° C

Käsestangerln

Zutaten:

Grundteig	1 kg
Kümmel	2 EL
würziger Käse	30 dag (300 g)

Zubereitung:

Käse fein reiben, mit Kümmel mischen und ¾ davon in den Teig kneten, gehen lassen. Kugeln formen, dann mit einem Nudelholz oval auswalken und zu Salz-

stangerln aufrollen. Mit Wasser bepinseln, im Kümmel-Käse-Gemisch wenden, gehen lassen und backen.
Backzeit: 20 Minuten, Backtemperatur: 240° C

Käsestangerln, fein

Zutaten:

Dinkelvollmehl	60 dag (600 g)	Salz	1 Prise
Germ	3 dag (30 g)	Käsescheiben, halbiert	
Butter	6 dag (60 g)		
Milch, warm	⅜ l		

Zubereitung:
Teig kneten, rasten lassen, Weckerln schleifen, oval ausrollen, zu Stangerln einrollen, bestreichen, mit Kümmel bestreuen und mit den Käsescheiben belegen, gehen lassen und backen.
Backzeit: 20 Minuten, Backtemperatur: 240° C

Rosinenweckerln II

Zutaten:

Dinkelvollmehl	70 dag (700 g)	Dotter	1
Dinkelmehl	30 dag (300 g)	Butter, zerlassen	6 dag (60 g)
Germ	4 dag (40 g)	Salz	1 Prise
Honig	3 EL	Milch, warm	ca. ½ l
Rosinen	20 dag (200 g)	Rum	

Zubereitung:
Butter mit Milch wärmen, Dotter, Salz, Rum, Rosinen und Germ hineinrühren – Vorsicht, in die lauwarme Milch einleeren. Mehl in die Knetschüssel geben und nun die Flüssigkeit dazukneten. Gehen lassen, Laibchen formen, rasten lassen, dann mit Vanillemilch bestreichen und backen.
Backzeit: 15 Minuten, Backtemperatur: 250° C

Leinsamenweckerln

Zutaten:

Grundteig	1 kg
Leinsamen	20 dag (200 g)

Zubereitung:

Leinsamen ganz oder geschrotet in den Teig kneten, Kugeln formen, darauf zu länglichen Stangerln formen, mit Wasser bepinseln und in Mohn tauchen, gehen lassen, backen.

Backzeit: 10 Minuten, Backtemperatur: 250° C

Mohnsemmeln

Zutaten:

Grundteig	1 kg
Mohn	20 dag (200 g)

Zubereitung:

Teig kneten, Semmeln formen, bepinseln und in Mohn wenden gehen lassen und backen.

Backzeit: 15 Minuten, Backtemperatur: 250° C

Pizzabrötchen

Zutaten:

Weizenvollmehl	60 dag (600 g)	Rotwein	½ + ¼ l
Parmesan	15 dag (150 g)	Tomatenmark	3 EL
Germ	4 dag (40 g)	Oliven, Paprikapulver,	
Rahm	¼ l	Oregano, Salz,	
		Knoblauch, Pfeffer	

Zubereitung:

Weizenvollmehl, Parmesan, Germ, Rahm, Rotwein, Salz, feingehackte Oliven, Tomatenmark, 4 EL Öl und Gewürze vermengen und einen Teig kneten. Dann muß man den Teig gehen lassen.

Den Teig ausrollen (d = ½ cm), mit einer Teetasse runde Kreise ausstechen, die Hälfte der Teigstücke mit Ei bestreichen, mit einer Scheibe Käse oder Salami belegen, würzen, dann das 2. Teigrad darauflegen, die Ränder festdrücken, nochmals mit Ei bestreichen, gehen lassen und backen.

Backzeit: 20 Minuten, Backtemperatur: 220° C

Zwiebelbaguette

Zutaten:

Dinkelvollmehl	1 kg	Zwiebel, gehackt	35 dag (350 g)
Milch, warm	½ l	Kräutersalz	
Germ	6 dag (60 g)		
Salz			
Butter, zerlassen	5 dag (50 g)		

Zubereitung:

Zwiebel hacken, anrösten, kalt stellen. Dann alle Zutaten und ¾ des Zwiebels zu einem Teig kneten, rasten lassen, dann in 5 Stücke teilen, Rollen formen, mit einem Messer schräg einschneiden und gehen lassen, vorher mit Ei bestreichen mit der restlichen Zwiebel bestreuen und backen.

Backzeit: ca. 25 Minuten, Backtemperatur: 220° C

Käsebrötchen

Zutaten:

Dinkelvollmehl	50 dag (500 g)	Pfeffer
Milch, warm	¼ + ⅛ l	Salz
Edamer	25 dag (250 g)	Kümmel
Germ	4 dag (40 g)	

Zubereitung:

Alle Zutaten mit dem geriebenen Käse zu einem Teig verkneten, gehen lassen, darauf in 8 Stücke teilen und zu Kugeln schleifen, wieder gehen lassen, dann

ein bißchen flachdrücken, mit Milch oder Öl bestreichen, mit grob geriebenem Käse bestreuen und backen.
Backzeit: 20–25 Minuten, Backtemperatur: 230° C

Zwiebelweckerln mit Buttermilch

Zutaten:

Weizenvollmehl	50 dag (500 g)	Speck	20 dag (200 g)
Roggenvollmehl	20 dag (200 g)	Pfeffer	
Germ	4 dag (40 g)	Salz	1 TL
Buttermilch	¼ + ⅛ l	Sonnenblumenöl,	
		kaltgepreßt	2 EL
		Zwiebel	35 dag (350 g)

Zubereitung:
Speckwürfel anbraten, geschnittenen Zwiebel dazugeben und mitanrösten, abkühlen lassen. Nun mit allen Zutaten einen Teig kneten, gehen lassen.
In ca. 10 Stücke teilen, zu Laibchen schleifen, gehen lassen, mit der Hand ein bißchen flachdrücken, mit Öl bestreichen und backen.
Backzeit: 20 Minuten, Backtemperatur: 230° C

Vollkornweckerln

Zutaten:

Weizenvollmehl	80 dag (800 g)
Mineralwasser	½ l
Germ	4 dag (40 g)
Salz (Meersalz)	1 TL

Zubereitung:
Salz in ein bißchen Wasser auflösen, dann alle Zutaten zu einem Teig kneten. Gehen lassen, in 15–20 Stücke teilen, nochmals gehen lassen, bepinseln und backen.
Backzeit: 15–20 Minuten, Backtemperatur: 230° C

Zwiebelfladen

Zutaten:

Dinkelvollmehl	60 dag (600 g)	Salz	1 Prise
Roggenvollmehl	20 dag (200 g)	Zwiebel, gehackt	35 dag (350 g)
Germ	4 dag (40 g)	Kräutersalz	
Wasser, warm	½ l	Kümmel	1 TL
Butter, zerl.	4 dag (40 g)		

Zubereitung:

Die Zutaten Vollmehl, Germ, Wasser, zerlassene Butter und Salz zu einem Teig kneten, gehen lassen, in 16 Stücke teilen, Fladen mit der Hand drücken. Mit kaltgepreßtem Sonnenblumenöl die Fladen bestreichen und mit gehackter Zwiebel und Kräutersalz bestreichen, gehen lassen und backen.
Backzeit: 20 Minuten, Backtemperatur: 230° C

Käseweckerln

Zutaten:

Weizenvollmehl	50 dag (500 g)	Kümmel	
Topfen (Quark)	½ kg	Germ	4 dag (40 g)
Obers	¼ l	Salz	1 Prise
Camembertkäse	¼ kg		

Zubereitung:

Den Käse mit dem Topfen und dem Obers gut verrühren. Danach alle Zutaten zu einem Teig verkneten, gehen lassen, in ca. 12–14 Stücke teilen, gehen lassen, mit Milch bestreichen und backen.
Backzeit: 20 Minuten, Backtemperatur: 220° C

Semmeln

Zutaten:

Dinkelvollmehl	50 dag (500 g)
Wasser	¼ + ⅛ l
Salz	1 Prise
Germ	3 dag (30 g)

Zubereitung:

Alle Zutaten mit der Küchenmaschine 10 Minuten kneten, rasten lassen (festerer Teig), formen, nochmals gehen lassen, mit Wasser besprühen und backen.
Backzeit: 20 Minuten, Backtemperatur: 250° C

Semmeln

Leinsamenweckerln

Zutaten:

Dinkel- oder		Leinsamen	10 dag (100 g)
Weizenvollmehl	60 dag (600 g)	Salz	1 Prise
Germ	4 dag (40 g)		
Milch, warm	⅜ l		

Zubereitung:

Alle Zutaten fest kneten, rasten lassen, den Teig in 5 Stücke teilen, zu Weckerln schleifen, gehen lassen, backen.
Backzeit: 20–25 Minuten, Backtemperatur: 230° C

Sonntagsweckerln

Zutaten:

Weizenvollmehl	50 dag (500 g)	Butter, zerlassen	15 dag (150 g)
Germ	4 dag (40 g)	Zimt	1 TL
Wasser, warm	¼ l	Honig	1 EL
		Salz	1 Prise

Zubereitung:

Die Zutaten fest kneten, gehen lassen, in 15–20 Stücke teilen und zu runden Laibchen schleifen, mit der Schere kreuzweise einschneiden, nochmals gehen lassen, mit Milch bepinseln und backen.
Backzeit: 15 Minuten, Backtemperatur: 230° C

Einfache Weckerln von Frau Brantl

Zutaten:

Dinkelvollmehl	50 dag (500 g)	Wasser	¾ l
Dinkelmehl	50 dag (500 g)	Salz	1 Prise
Germ	4 dag (40 g)	Kümmel	1 EL

Zubereitung:
Zubereitung wie Rosinenweckerln.
Diese Weckerln können zu salzigen Speisen wie auch für eine „süße" Kaffeejause verwendet werden.

Semmelweckerln

Zutaten:

Weizen- od.		Salz	1 TL
Dinkelvollmehl	60 dag (600 g)	Milch	ca. ⅜ l
Germ	2 dag (20 g)	Butter	6 dag (60 g)
Dotter	2		

Zubereitung:
Aus den Zutaten einen Germteig bereiten, aufgehen lassen, dann etwa 10 dag (100 g) schwere Stücke herunterschneiden, diese zu Weckerln wirken, kurz rasten lassen, mit Ei bestreichen und backen.
Backzeit: 10–20 Minuten, Backtemperatur: 250° C

Anisweckerln

Zutaten:

Weizen- od.		Salz	1 Prise
Dinkelvollmehl	70 dag (700 g)	Anis	1 EL
Dinkelmehl	30 dag (300 g)	Milch	⅝−⅝ l
Germ	4 dag (40 g)		
Butter	5 dag (50 g)		
Honig	2 EL		

Zubereitung:

Aus allen Zutaten einen Germteig kneten. Gehen lassen. Nach dem Rasten den Teig in etwa 10 dag (100 g) schwere, gleichmäßige Stückerln aufteilen und diese zu runden Kugerln schleifen. Die Oberfläche der Kugerln mit warmem Wasser bepinseln und mit Anis bestreuen. Gehen lassen und backen.
Backzeit: ca. 10–20 Minuten, Backtemperatur: 250° C

Osterpinze I

Zutaten:

Weizenmehl	60 dag (600 g)	Salz	1 Prise
Germ	2 dag (20 g)	Milch	⅖−⅜ l
Dotter	3	Butter	6 dag (60 g)
Honig	2 EL		

Zubereitung:

Aus Germ, 5 EL Milch und dem Honig ein Dampfel im Mehl bereiten, dann mit den übrigen Zutaten einen mittelfesten Teig sehr gut abkneten. Nach dem Rasten 2–3 Laibe wirken, diese mit Dotter bestreichen, mit einem scharfen, geölten Messer, in gleichmäßigen Abständen, 3 tiefe Einschnitte bis zur Mitte machen, das Gebäck noch 10 Minuten aufgehen lassen und dann backen.
Backzeit: ca. 20–30 Minuten, Backtemperatur: 230° C

Osterpinze II

Zutaten:

Vorteig:		Hauptteig:	
Honig	2–3 EL	Schlagobers	⅛ l
Germ	2 dag (20 g)	Dotter	3
Milch	⅜ l	Salz	1 Prise
Dotter	1	Vanilleschote	1
Weizenvollmehl	15 dag (150 g)	Weizenmehl	50 dag (500 g)

Zubereitung:
In der Teigschüssel Honig und Germ flüssig rühren – dazu Milch, 1 Dotter und 15 dag (150 g) Mehl einmischen und den Vorteig hoch aufgehen lassen. Danach das Schlagobers, 3 Dotter, Salz, das Innere der Vanilleschote und das restliche Mehl beifügen, den Teig glatt abkneten.
2 Laibe formen, mit Ei bestreichen, jeden dreimal einschneiden und rasten lassen, dann backen.
Backzeit: 20–30 Minuten, Backtemperatur: 230° C

Süße Weckerln

Zutaten:

Roggenschrot, fein	40 dag (400 g)	Honig	4 EL
Roggenmehl	40 dag (400 g)	Zimt	1 EL
Sauerteig	10 dag (100 g)	Anis, gemahlen	1 EL
Germ	2 dag (20 g)	Nelkenpulver	2 Msp.
Rosinen	20 dag (200 g)	Salz, gestrichen	1 EL
Milch	⅝–⅞ l	Öl	2 EL

Zubereitung:
Sauerteig und Germ mit ⅛ l warmem Wasser anrühren.
Nach einer Stunde ein Dampfel bereiten. Mit den übrigen Zutaten zu einem Teig kneten, rasten lassen. Nun in 12 Stücke teilen, zu runden Laibchen schleifen. Mit Milch bestreichen und rasten lassen.
Backzeit: ca. 20 Minuten, Backtemperatur: 250° C

Kaffeebrot

Zutaten:

Weizenvollmehl	50 dag (500 g)	Zitronenschale	
Germ	3 dag (30 g)	Milch	¼ l
Honig	10 dag (100 g)	Butter	4 dag (40 g)
Dotter	2	Rosinen	10 dag (100 g)
Salz	1 Prise	Nüsse	10 dag (100 g)

Zubereitung:

Germ, Honig, etwas Milch in ein Grübchen im Mehl eindampfeln und gehen lassen. Dotter, Gewürze, restlichen Honig, Rosinen, grob gehackte Nüsse, warme Milch mit weicher Butter dazugeben und gut kneten. Den gerasteten Teig nochmals kneten, zu einem Wecken formen, mit Ei bestreichen und nach kurzem Rasten backen.
Backzeit: ca. 30 Minuten, Backtemperatur: 230° C

Striezel

Zutaten:

Weizen- oder		Zitronenschale	
Dinkelvollmehl	50 dag (500 g)	Rosinen	10 dag (100 g)
Germ	2 dag (20 g)	Milch	¼ l
Honig	2 EL	Butter	6 dag (60 g)
Dotter	2		
Salz	1 Prise		

Zubereitung:

Butter in warmer Milch zergehen lassen. Alle Zutaten außer Milch und Butter in eine Rührschüssel geben und nun die Flüssigkeit während des Knetens langsam einlaufen lassen.
Zu einem festen Teig kneten; ist er jedoch zu weich, so lassen Sie ein bißchen feines Mehl einlaufen.
Nach dem Rasten den Teig in 6 Stücke teilen, zu Laibchen schleifen und zu langen dünnen Strähnen ausrollen. Anschließend flechten, mit Ei bestreichen, rasten lassen und dann backen.
Backzeit: ca. 30 Minuten, Backtemperatur 200° C

Striezel

Rosinenweckerln von Frau Brantl, Klagenfurt

Zutaten:

Dinkelvollmehl	1 kg	Zimt	1–2 EL
Germ	4 dag (40 g)	Salz	1 Prise
Milch	⅝–⅞ l	Rosinen	20 dag (200 g)
Honig	4–5 EL	Öl	2–3 EL
Nelkenpulver	2–3 Msp.		

Zubereitung:
Mehl mit allen Zutaten zu einem Teig kneten, rasten lassen, in gleiche Stücke teilen, Laibchen formen, mit Milch bestreichen, wieder gehen lassen und backen. Backzeit: ca. 15 Minuten, Backtemperatur: 250° C

Feines Rosinenbrot (-brötchen)

Zutaten:

Dinkelvollmehl	80 dag (800 g)	Wasser, lauwarm	⅜ l
Germ	7 dag (70 g)	Buttermilch	⅖ l
Walnüsse, geh.	30 dag (300 g)	Salz	1 Prise
Rosinen	20 dag (200 g)	Zimt	

Zubereitung:
Alle Zutaten mit den grob gehackten Nüssen zu einem Teig kneten, gehen lassen, ca. 20 Weckerln oder 4 längliche Brote formen, mit Milch bestreichen, gehen lassen und backen.
Backzeit: 25 Minuten, Backtemperatur: 240° C bei Brot
Backzeit: 10–15 Minuten, Backtemperatur: 240° C bei Weckerln

Jourgebäck

Zutaten:

Dinkelvollmehl	1 kg	Honig	2 EL
Germ	5 dag (50 g)	Salz	1 Msp.
Butter, zerlassen	10 dag (100 g)	Milch	½+⅛ l
		Zimt	

Zubereitung:
Mehl mit allen Zutaten zu einem Teig kneten, rasten lassen, in gleiche Stücke teilen, Laibchen formen, mit Milch bestreichen, wieder gehen lassen und backen.
Backzeit: ca. 20 Minuten, Backtemperatur: 250° C

Buttermilchweckerln

Zutaten:

Dinkelvollmehl	50 dag (500 g)	Buttermilch	¼+⅛ l
Germ	3 dag (30 g)	Salz, Anis,	
Milch, warm	1/16 l	Kümmel, Fenchel	} je 1 TL
		Sonnenblumenöl	1 EL

Zubereitung:
Alle Zutaten verkneten, gehen lassen, eine Rolle formen, in 20 Stücke teilen, zu Laibchen schleifen, mit Ei bestreichen, gehen lassen und backen.
Backzeit: 25 Minuten, Backtemperatur: 230° C

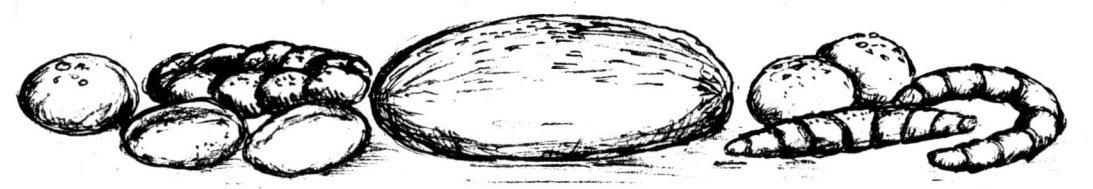

Der Striezel –
verschiedene Arten der
Striezelflechtung

Vierstrangzopf (flache Form)

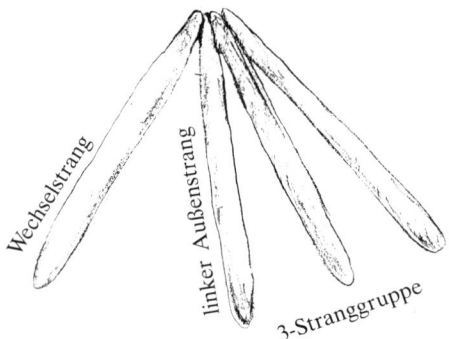 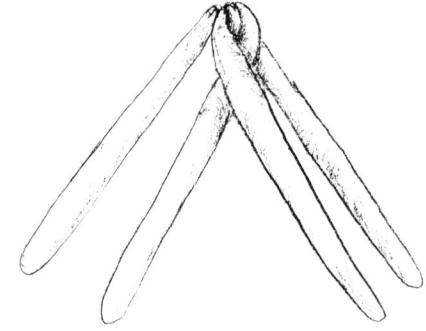

Vier Stränge werden an ihren oberen Enden zusammengedrückt und in Ausgangsstellung gelegt.

Die drei rechten Stränge bilden die Dreistranggruppe, während der linke Strang ein Wechselstrang ist.

Dreistrangflechtung

Mit den drei rechten Strängen wird eine Flechtung wie beim Dreistrangzopf ausgeführt.

Die Abb. oben zeigt die Stränge nach dem ersten Flechtvorgang.

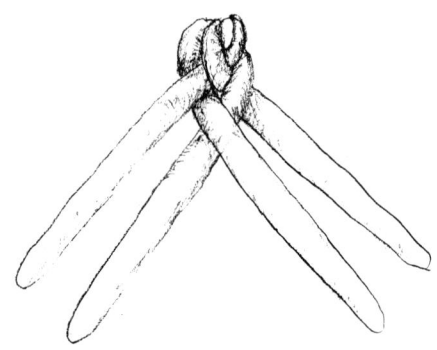 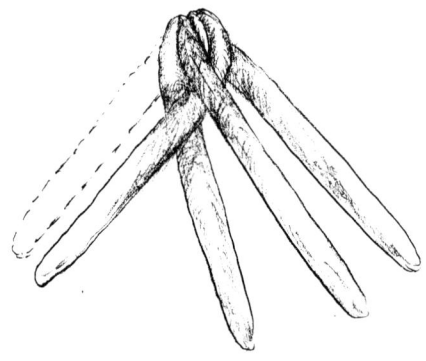

Der Wechsel

Der Wechselstrang wird nach unten hereingeführt und mit dem linken Außenstrang ausgewechselt.

Dreistrangflechtung

Mit den drei rechten Strängen wird wiederum eine Flechtung wie beim Dreistrangzopf ausgeführt.

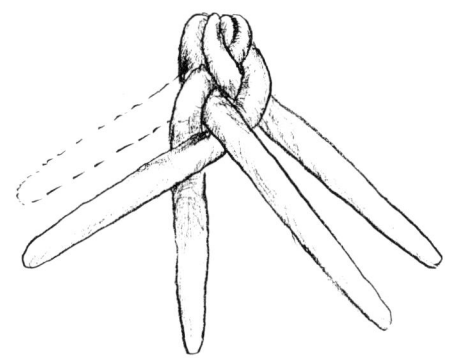 

Nun wird der Wechselstrang wieder nach unten hereingenommen und mit dem linken Außenstrang ausgewechselt.

Nach einer weiteren Dreistrangflechtung folgt abermals der Wechsel zwischen linkem Außenstrang und Wechselstrang.

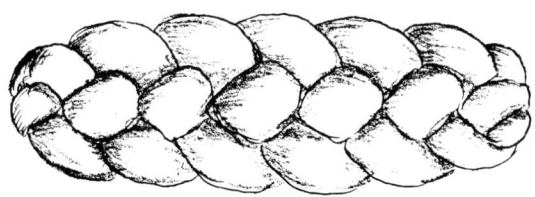

Flacher Vierstrangzopf, von oben gesehen

Merke: Der flache Vierstrangzopf wird wie der Dreistrangzopf geflochten, nur mit dem Unterschied, daß nach jedem abgeschlossenen Flechtgang ein Wechsel zwischen dem jeweiligen linken Außenstrang und dem Wechselstrang erfolgt. Dreistrangflechtung – Wechsel – Dreistrangswechsel – Wechsel.

107

Vierstrangzopf (hohe Form)

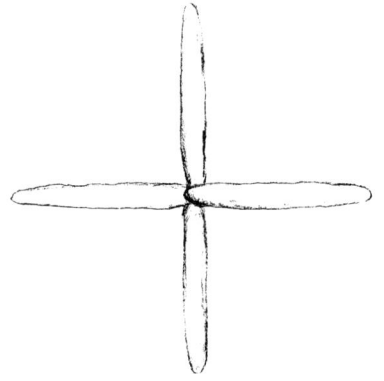

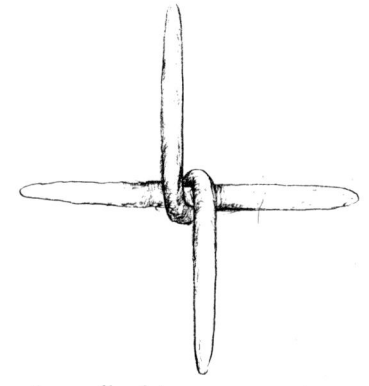

Vier Stränge werden in Kreuzform ge-
bracht, dabei werden die zusammen-
treffenden Enden übereinandergelegt
und fest angedrückt.

Längsstrangflechtung
Die rechte Hand führt den obenliegen-
den Längsstrang nach unten, gleichzeitig die linke Hand den untenliegenden
nach oben.

Querstrangflechtung
Die Querstränge werden nach unten
geführt und so gekreuzt, daß der rechte
Strang über dem linken zu liegen
kommt.

Wiederholung der Flechtung mit
Längs- und Querstrang im Wechsel, bis
die Strangteile völlig eingeflochten
sind.

Gerippter Fünfstrangzopf

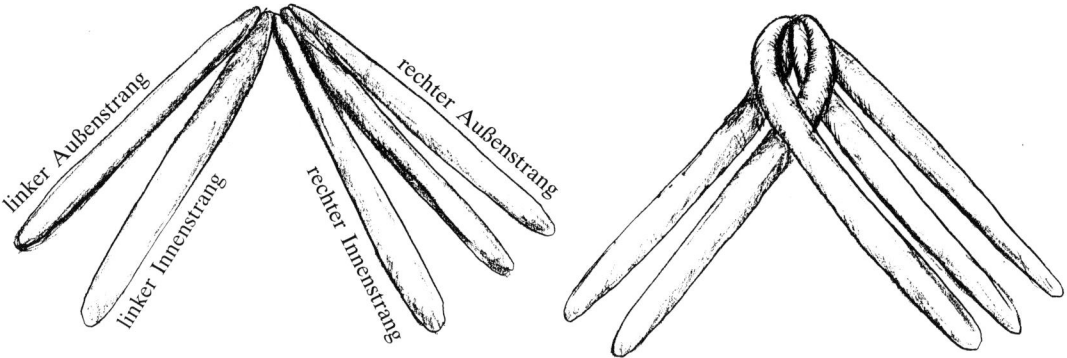

Fünf Stränge werden an ihren oberen Enden zusammengedrückt, drei davon nach rechts und zwei nach links gelegt.

Flechtung
Der rechte Außenstrang wird zum linken Innenstrang, und der linke Außenstrang wird zum rechten Innenstrang gelegt.

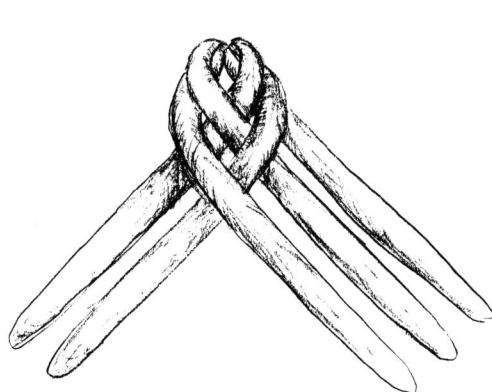

Rechter Außenstrang wird linker Innenstrang, linker Außenstrang wird rechter Innenstrang.

Gerippter Fünfstrangzopf
Die Strangenden werden zusammengedrückt.

Fünfstrangzopf mit Wechselstrang

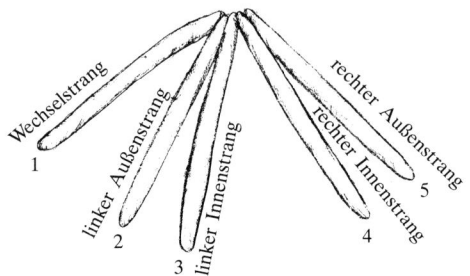

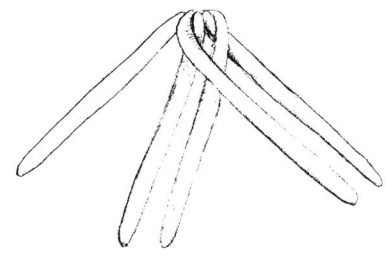

Ausgangstellung für die Flechtung
Fünf Stränge werden an ihren oberen
Enden zusammengedrückt, zwei davon
nach rechts, zwei nach links und einer
nach links außen gelegt, den wir als
Wechselstrang bezeichnen.

Flechtung
Die rechte Hand erfaßt den rechten
Außenstrang, die linke Hand den linken Außenstrang, beide Stränge werden nach unten geführt und gekreuzt
(rechter unter dem linken) und als Innenstränge abgelegt.

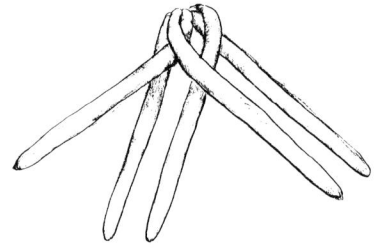

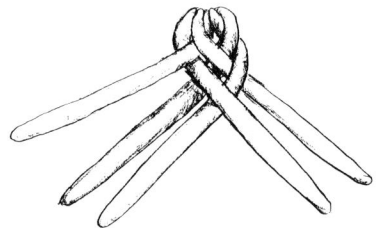

Wechsel
Die rechte Hand legt den linken
Außenstrang über den Wechselstrang
hinweg als neuen Wechselstrang nach
außen, während gleichzeitig die linke
Hand den alten Wechselstrang unten
hereinführt und als neuen linken
Außenstrang ablegt.

Wiederholung der Flechtung
Die beiden Außenstränge werden nach
unten gekreuzt und als Innenstränge
abgelegt.

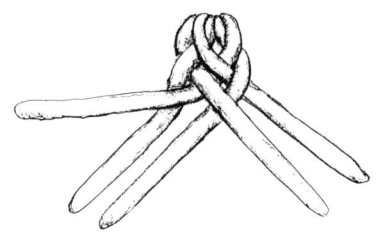

Zum Schluß wird das Geflecht umgedreht, so daß eine Wiederholung des Wechsels erfolgt.
Der linke Außenstrang wird mit dem Wechselstrang ausgewechselt. Flechtung und Wechsel werden wiederholt, bis die Stränge eingeflochten sind.

Zum Schluß wird das Geflecht umgedreht, so daß die Unterseite nach oben liegt.

1. Die beiden Außenstränge werden nach unten gekreuzt und so zu Innensträngen.
2. Der Wechselstrang wird nach jeder Flechtung nach unten hereingeführt und mit dem linken Außenstrang ausgewechselt.

Wiener Sechsstrangzopf

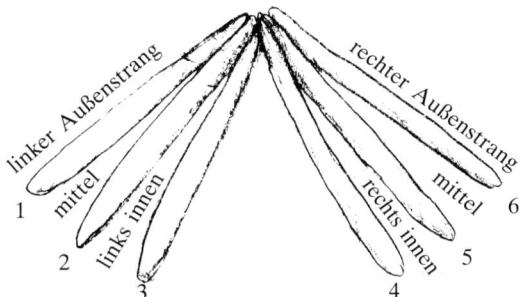

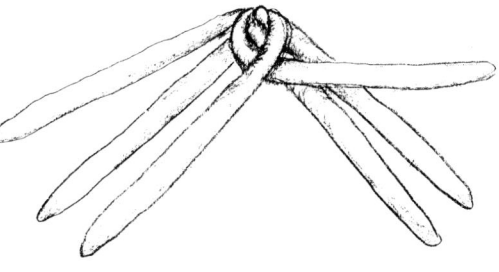

Ausgangsstellung, siehe Abb. oben
Die rechte und die linke Stranggruppe bestehen jeweils aus Außen-, Mittel- und Innenstrang.

1. Flechtung
Rechten Außenstrang mit rechter Hand in die Mitte legen.
Linken Mittelstrang mit linker Hand rechts außen legen.
Wichtig: Wieder zwei Dreier-Stranggruppen nach jedem Flechtvorgang. 3 und 3 Zöpfe legen, so ist es leichter, den Überblick zu behalten.

111

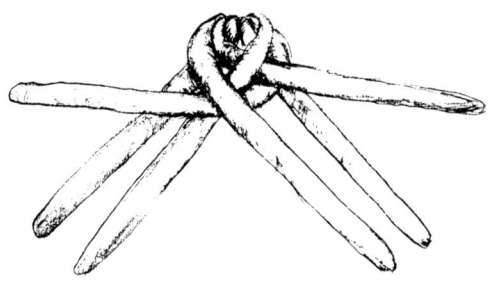 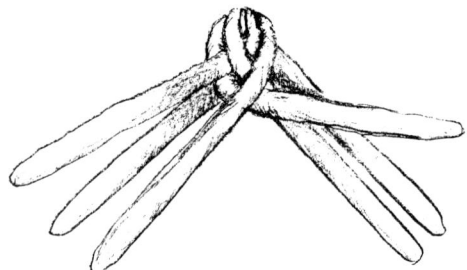

2. Flechtung
Linken Außenstrang mit linker Hand
in die Mitte legen.
Rechten Mittelstrang mit rechter Hand
links außen legen.

Wiederholung des 1. und 2. Flechtvor-
ganges
immer wieder:
rechts außen – links Mitte
links Mitte (Mittelstrang) – rechts
außen.

Ansicht von oben

Ansicht von der Seite

Achtstrangzopf

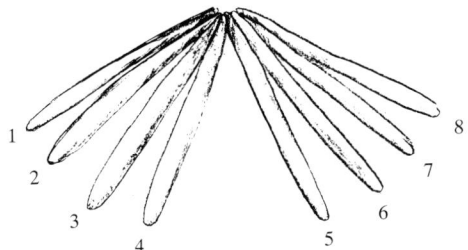
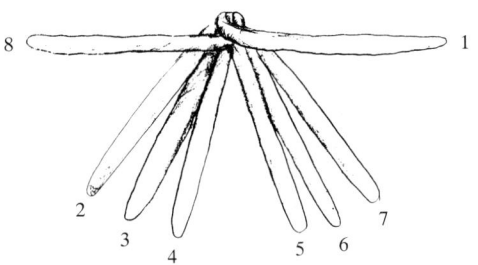

Acht Stränge werden an ihren oberen Enden verbunden und entsprechend lt. Abb. oben gelegt.
Die linke Hand erfaßt Strang 8 und die rechte Hand über die linke hinweg Strang 1. Beide Stränge werden gekreuzt.

Als Querstränge werden sie abgelegt, damit ist die Ausgangsstellung für die erste Flechtung erreicht.
1. Flechtung:
erfolgt mit rechtem Querstrang und linkem Außenstrang. Dazu erfaßt die rechte Hand den rechten Querstrang (Strg. 1) und die linke Hand den linken Außenstrang (Strg. 2).
Beide Stränge werden gekreuzt, wobei der rechte Querstrang unter den linken Außenstrang geführt wird.

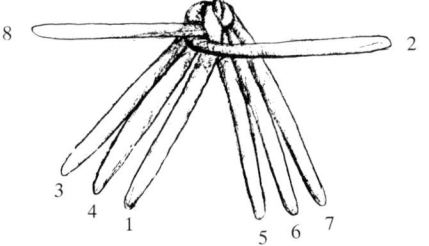
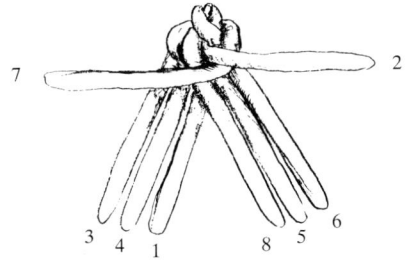

Der rechte Querstrang (Strg. 1) wird als linker Innenstrang und der linke Außenstrang (Strg. 2) als rechter Querstrang abgelegt.

Der linke Querstrang (Strg. 8) wird als rechter Innenstrang und der rechte Außenstrang (Strg. 7) als linker Querstrang abgelegt (oben).

2. Flechtung:
erfolgt mit linkem Querstrang und rechtem Außenstrang. Dazu erfaßt die linke Hand den linken Querstrang (Strg. 8) und die rechte Hand den rechten Außenstrang (Strg. 7). Beide Stränge werden gekreuzt, wobei der linke Querstrang unter den rechten Außenstrang geführt wird.

Wiederholung der 1. Flechtung:
mit rechtem Querstrang und linkem Außenstrang. Beide Stränge werden gekreuzt, wobei der rechte Querstrang unter den linken Außenstrang geführt wird.

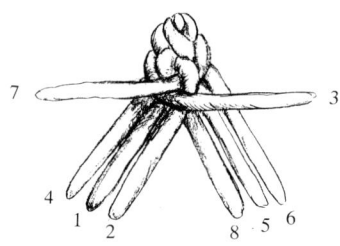

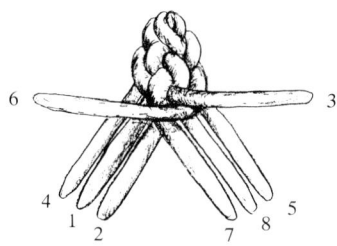

Der rechte Querstrang (Strg. 2) wird als linker Innenstrang und der linke Außenstrang (Strg. 3) als rechter Querstrang abgelegt (Abb. 5).
Wiederholung der 2. Flechtung:
mit linkem Querstrang und rechtem Außenstrang.
Beide Stränge werden gekreuzt, wobei der Querstrang unter den Außenstrang geführt wird.

Der linke Querstrang (Strg. 7) wird als rechter Innenstrang und der rechte Außenstrang (Strg. 6) als linker Querstrang abgelegt.
1. und 2. Flechtung werden so lange wiederholt, bis die Stränge eingeflochten sind.
Die Strangenden werden zusammengedrückt.

Merke: 1. Flechtung mit rechtem Querstrang und linkem Außenstrang; rechter Querstrang wird linker Innenstrang und linker Außenstrang rechter Querstrang.
2. Flechtung mit linkem Querstrang und rechtem Außenstrang; linker Querstrang wird rechter Innenstrang und rechter Außenstrang linker Querstrang.

Stichwortverzeichnis

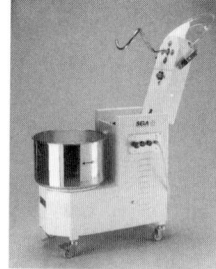  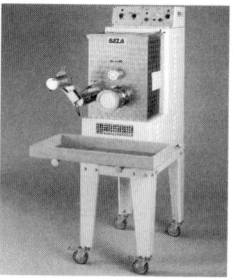

ISBN 3-7020-0649-4

Gudrun Aichwalder

Bestellungen:
Tel. 0316/82 16 36

HAUSSCHLACHTEN

Zerteilen • Verarbeiten • Vermarkten

181 Seiten, 100 farbige Abbildungen, Grafiken und
Tabellen im Text, farbiger Umschlag, brosch.

Hausschlachtungen sowie das Verarbeiten und Vermarkten des Fleisches
am eigenen Hof und im eigenen Haushalt gewinnen wieder an Bedeutung.
Die Autorin beschreibt hier die notwendigen Arbeiten, vom Schlachten über
das Zerteilen des Schlachtkörpers, der (richtigen) Verwendung der einzelnen
Fleischteile bis zum Haltbarmachen des Fleisches in Form von Wurst, Speck
und Aufstrichen. Der Leser findet alles, was er über Schweine-, Rind-, Schaf-
und Geflügelfleisch wissen sollte. Informative Farbfotos erleichtern das Er-
kennen und Zuordnen der einzelnen Fleischteile.

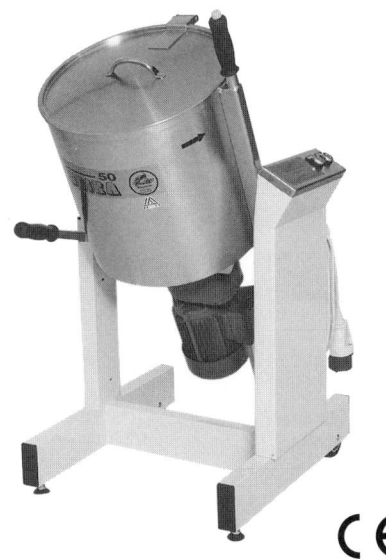